Ⓢ新潮新書

読売新聞社会部
「あれから」取材班
The Yomiuri Shimbun Special Project

人生は
それでも続く

JN018368

963

新潮社

はじめに

新聞というのは、その日、その時に起きたことを早く、分かりやすく、正確に伝えようという一心で作られています。だから私たち新聞記者は、可能な限り現場に行って、いろんな人に話を聞いて、締め切りギリギリまで、「今日伝えるべきニュースは何か」を考えて記事を書いています。つまり、新聞の視点は「今」であることが多いのです。

ですが、物事には「その後」があります。

何かが起きたら必ず後の展開はあるし、それぞれの当事者たちには、当然ながらその後の人生があります。私たちはまずは目の前のことを追いかけてはいますが、追いかけながら、ふとした瞬間にこうも思うのです。「あれから、あの人はどうなったのだろう」と。特に、ニュースになるような特異な事案に遭遇した人々には、その渦中にいた人ならではの、物事の〈かみしめ方〉があるに違いない。良いことも、悪いことも。

幸いにして私たちは、その時々の「今」を新聞紙上で克明に記録しています。あのニュースの当事者がその日、どんな表情で何と言ったか。あの騒動に誰が関わっていたか――。当時の写真もふんだんにあります。それらを起点として、ニュースの当事者たちのその後をたどってみよう、という発想で始まったのが、読売新聞が2020年2月から原則月1回のペースで朝刊に掲載している人物企画「あれから」です。

取材を始めてみて、私たちはその鉱脈の大きさに気づきました。

特異な体験をくぐり抜けた人が語る言葉というのは、何ともいえない奥行きや、心を揺さぶる切実さがありました。

たとえば、松山善三監督の映画「典子《のりこ》は、今」（1981年公開）で一躍、時の人となった白井のり子さん。サリドマイド薬害のため両腕がない状態で生まれたのり子さんは、両足を使って冷蔵庫を開け、ご飯を食べ、ミシンで洋裁もこなします。そんな自身の姿をそのまま伝えた映画で当時の世間を驚かせたわけですが、映画の公開から約40年が経った今、映画公開時には生まれてもいなかった28歳の記者の取材を受けて、「あの映画が今の時代に公開されたら観《み》にいきますか？　今は話題にもならないと思いますよ」と言うのです。そこには、「今や障害は一つの個性として捉えられる時代になった。もう自分の姿を見せて何かを感じてもらう時代ではない。自分の役目は終わった」というメッセージが込められている。もっと言うと、「そうでないとおかしいよね」という、強烈な警句も練り込まれているのです。

２００７年に熊本市の慈恵病院に開設された赤ちゃんポスト「こうのとりのゆりかご」に預けられた男児は、18歳になったのを機に初めて実名を明かして取材に応じてくれました。実の親が育てられない子どもを病院が匿名で預かる「ゆりかご」を巡っては、当初から「子捨てを助長する」といった批判があります。そのゆりかごに預けられた本人である青年は、そうした批判を十分に理解した上できっぱりとこう言いました。「どんなに時間が経っても賛否両論はあると思う。ただ、自分は当事者だからこそ、『ゆりかごから先の人生も大事だよ』と伝えたい」

実際、この青年の「ゆりかごから先の人生」は、多くの人から愛情をもらい、それに応えて一歩ずつ前を向いて刻まれていました。青年の存在そのものが圧倒的な説得力をもって、私たちに社会のあり方を考えさせてくれます。

本書には、2022年4月までに読売新聞に掲載した「あれから」の記事22本を、ほぼそのまま収録しています。取材にあたって私たちが心がけたのは、表層的な「あの人は今」では終わらせないこと。そのために、まずは徹底的に人選にこだわりました。過去の新聞記事や関係資料を丹念に調べ、「ぜひこの人に話を聞いてみたい」という人物を探す。関係者にアプローチして、その人物にたどり着く。そこからその人物＝物語の主人公＝の話にじっくりと耳を傾ける。取材期間は短くても3か月、長い場合は1年近くをかけました。主人公だけでなく、カギを握る周囲の関係者にも話を聞くことで、物語に陰影やリアリティーを刻むことにも努めました。

取材・執筆を担当したのは新聞記者になって10年程度の若い記者も多く、中には、そのニュース自体を知らなかった記者もいます。そういう記者たちは、もちろん過去の情報を集めた上でのことですが、先入観なく質問を投げかけるので、かえって取材対象者の率直な思いや新鮮な言葉を引き出すことに成功した面もあると考えています。

このたび、新書として発行していただくにあたり、タイトルを「あれから」から『人生はそれでも続く』に変えました。改めて、ニュースの「その後」もやはりニュースであったと感じています。人々の記憶に残るような体験をした当事者たちの、その後の生き様と、人生をかみしめて紡ぎ出された貴重な言葉の数々が、今を生きる読者の皆さんにとって、「生きていくための手がかり」のようなものになるとすれば、大変うれしく思います。

文中の肩書や年齢、事実関係は読売新聞掲載当時のものです。

2022年7月

読売新聞論説委員（前社会部次長）木下敦子

人生はそれでも続く◆目次

1　山で「13日間」の死線をさまよった30歳〈2010〉

二つの大きな間違い

太陽の光に照らされて、はっと目が覚めた。切り立った崖と沢に囲まれて一人。何日こうしているだろう。

昨日も、「明日は目覚めないかもしれない」と覚悟して目を閉じた。でも、また朝がきた。意外と人って死なないんだな。それなら、目が覚めなくなるまで生きてみよう――。

2010年の夏、埼玉県の両神山《りょうかみさん》（1723メートル）で遭難し、あめ玉7個でたった一人、13日間を生き抜いた多田純一さん（当時30歳）は、もうろうとする意識の中で思った。

今も「山岳救助史の奇跡」と語り継がれる壮絶な13日間。あの時、山で何が起きたのか。あれから、多田さんはどう生きてきたのか。

どうしてあんなミスをしたのか。いま思い返してもよく分からない。

10年8月14日の朝、東京都大田区の会社員、多田純一さんは、お盆休みを使って、一人で両神山に入った。埼玉県の秩父市・小鹿野町にまたがる標高1700メートル超の山。登山歴1年。そろそろ高い山に挑戦したい頃だった。

いつもなら必ず、登山道の入り口にあるポストに登山届を出していた。両神山にも目立つポストがあった。なのに、この時はなぜか見落としてしまった。

登りは軽快。山頂で一息ついて、下山を始めた。

途中、山道が二手に分かれた。「せっかくだし、下りは違うルートを通ってみよう」。この判断が、二つ目の大きな間違いだった。

未整備の荒れた道に入り、焦りながら歩いていると、傾斜に足を取られた。「あっ、やばい」。そう思った時には、体がごろごろと崖を転げ落ちていた。

沢の近くで止まった。痛みはない。頭から順に触って自分の体を確認する。ふと、左足に目が留まった。

ぶらんと力なく垂れ下がり、靴下が真っ赤に染まっている。恐る恐るよく見ると、太い骨が皮膚を突き破って飛び出し、傷口から「ぼこっ、ぼこっ」と血が噴き出していた。突然、思い出したように激痛が走った。「死ぬかもしれない」。持っていたシャツを裂き、携帯灰皿のひもで縛った。携帯電話は圏外。歩けない。助けが来るまで耐え抜くしかなかった。

2日目。「ここに自分がいる！」。そう伝えようと、ポリ袋に免許証や保険証を入れて沢に流した。左足の血が止まらない。映画で見たシーンを思い出し、ナイフを火であぶって傷にあてた。絶叫しながら繰り返して、ようやく血は止まった。

3日目。バケツをひっくり返したような雷雨。夜闇の中、左足をライトで照らすと、巻きつけたタオルの中に数十匹のウジ虫が集まっているのが見えた。

持っていたあめ玉7個は、この頃には食べきってしまった。空腹に耐えられず、アリやミミズも口に入れる。渇きが限界に達し、ペットボトルに自分の尿をためて飲んだりもした。けがをした左足は真っ白になり、腐乱臭が漂う。

変な夢をたくさん見た。宇宙人にさらわれてけがを治してもらう、友人が万病に効く漢方薬を持って来る――。なぜか前向きな内容ばかりだったのは、今思うと、まだ希望を捨てていなかったからかもしれない。

「カラスが飛んでいない。まだ生きてるよ」

同じ頃、山のふもとでは、多田さんの行方を多くの人が必死で捜していた。

「くさり場のある、秩父の百名山に登ってくるね」

母の三八子さんが覚えていたのは、多田さんのこの言葉だけ。登山届もない。秩父の百名山は両神山を含めて3か所あり、どの山にも登山ルートが複数ある。埼玉県警の山岳救助隊は広大な範囲を捜索したが、手がかりのないまま1週間が過ぎた。

「この時期を過ぎて、生きていた例は少ない」

救助隊員の言葉が家族の心に突き刺さった。

そんな時、両神山の一部を所有し、長年、ボランティアで遭難者の救助にあたってきた山中豊彦さんが言った。

「死体にはカラスがたくさん集まるはずだけど、今は山にはそれほど飛んでいない。たぶん、多田君はまだ生きてるよ」

山中さんはこうも言った。「指名手配写真を作るぞ」

家族が力を合わせ、多田さんの全身写真を載せた捜索チラシを作成。足取りが途絶えた西武秩父駅近くで、いろんな人に見せて回った。

すると、遭難から9日目。駅前のレストランの店員が、「見慣れない客だ」と多田さんの顔を覚えてくれていた。防犯カメラの映像を見せてもらうと、確かに多田さん本人が映っている。交通系ICカードの記録で、近くからバスに乗り、両神山に向かったことも判明。「やっぱり両神山だ」。1週間以上たって、やっと捜索範囲が絞られた。

息苦しさに目を覚ましたら、水の中だった。

遭難から10日目。まどろんでいた多田さんは、雨で増水した沢の水に浸《つ》かり、溺れかけていた。必死で岩場にはい上がったが、枕代わりのリュックが流されてしまった。

「もう死んだ方が楽かな」

この頃は、そんなことばかりを考えていた。岩に頭を打ち付けたり、舌をかみ切ったり――。考えてはみたが、勇気も体力もない。

時間だけは膨大にある。家族や恋人のことを思った。今自分が死んだら、みんな悲しむだろう。山に向かって声を上げた。両親には「先立つ不孝をお許しください」、恋人には「僕のことは忘れて幸せになって」――。このあと、記憶はぷつりと途切れている。

「ヒット！」――。遭難から13日がたった8月27日。当時、山岳救助隊の副隊長だった飯田雅彦さんは、興奮した声で山中さんに連絡を入れた。

山中さんによると、この前日、沢のあたりでカラスがたくさん鳴いていたという。「これが最後」とばかりに、その沢に狙いを定めて捜してみると、増水で流された多田さんのあのリュックが見つかった。沢の上の方に、人が倒れていた。

「多田さんですか」。そう声をかけられ、目を開けた多田さん。隊員2人が自分をのぞき込むその光景が信じられず、思わず口をついて出た言葉は「手を握ってもらえますか」。

ぎゅっとつかんでくれた人の手が温かくて、「生きてていいんだ」と涙がこぼれた。

飯田さんにとっても、万感こみ上げるものがあった。

ちょうど1か月前、埼玉県では山岳救助中の防災ヘリが墜落し、5人が死亡する事故が起きていた。山岳救助のあり方について深く考え込んでいたまさにその時、それまで

多田さんを救出する山岳救助隊〈埼玉県警提供〉

の常識を覆す「13日間」を山の中で一人、生き抜いた青年がいた。

「多田君が生きていてくれたことが、大きな希望になった。どんなことがあっても、捜索をあきらめてはいけないと教えてくれた」。飯田さんは振り返る。

「カラスがあれだけ鳴いていたから、多田君の命はないだろうと思っていた。もしかすると、足の腐ったにおいにカラスたちが反応したのかもしれないね」

山中さんが言うとおり、多田さんの左足は、完全に腐っていた。切断が当然と思われたが、埼玉医科大学国際医療センターは、腐敗した左足の太い骨を取り除き、右足か

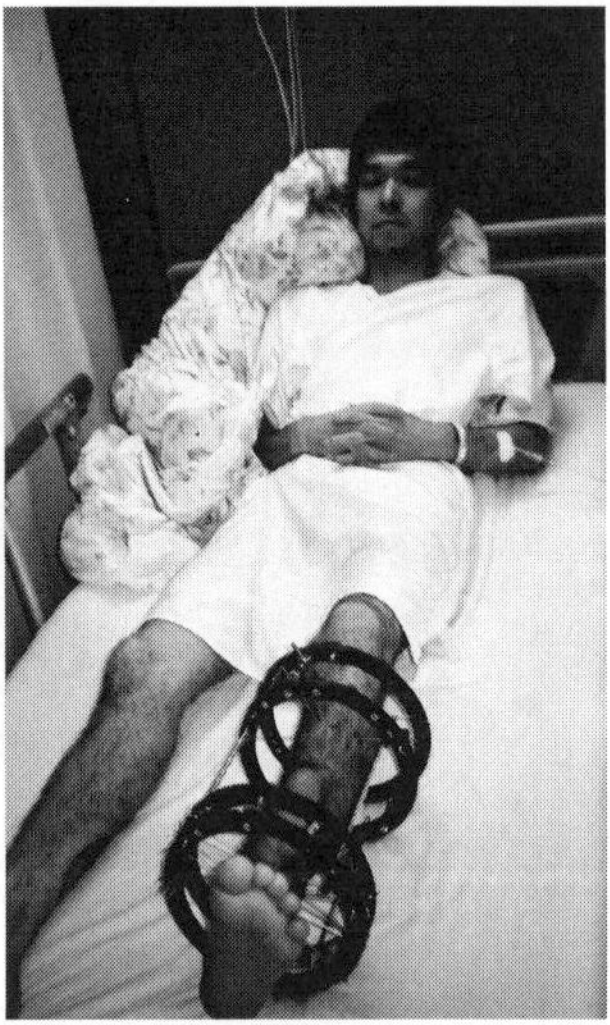

左足を手術した直後の多田さん
〈多田三八子さん提供〉

ら細い骨20センチ分を取って二つ折りにして代わりに入れる選択肢を示してくれた。前例のない手術。右足が動かなくなるリスクもあったが、多田さんは手術を選んだ。

左足は残った

9回の手術と1年以上のリハビリを経て、奇跡的に左足は残った。今、左足は右足より1・5センチ短く、皮膚の感覚がない部分もある。でも、自分の足で歩くことができる。

あれから、多田さんは一度も山には登っていない。

遭難時、自分が死んだ後の幸せを祈った当時の恋人とは32歳で結婚し、2人の子供に恵まれた。遭難前と同じ東京都大田区に住んで、今も同じ会社で働いている。

今も妻とはつまらないことでケンカするし、嫌なことは嫌だし、文句も言う。

ただ、嫌なこともうれしいことも、生きているからこそだと実感している。

「周りに人がいてくれることが、どんなに幸せでありがたいか。それに気づける自分になった」

普通の幸せを今、かみしめている。

（2020年2月23日掲載／福益博子）

2　日本初の飛び入学で大学生になった17歳〈1998〉

高2で開いた物理の扉

1998年1月、佐藤和俊さんの人生は、一変した。

「飛び入学　3人合格」

当時、高校2年生だった佐藤さんには、新聞の見出しが面はゆかった。

「科学技術の最先端を切り開く人材を育てたい」と、千葉大学が全国で初めて導入した飛び入学制度。「高校に2年以上在籍した特に優れた資質を持つ17歳以上の生徒」に大学の入学資格を認めるもので、中央教育審議会がこの前年6月に制度化を答申していた。

合格者3人のうちの1人に選ばれた佐藤さんは、17歳の春、「大好きな物理の勉強に没頭できる」と意気揚々と大学の門をくぐった。

あれから22年。佐藤さんは今、大型トレーラーの運転手となって、夜明けの街を疾走している。

あれは高校2年の、夏の朝のこと。私立成田高校（千葉県）の担任教師が、「千葉大学が『飛び入学』を始めるそうだ。誰か挑戦してみないか」と教室で呼びかけた。

「これは、やるしかないな」。佐藤さんはすぐに思った。

中学の時、「いま見えている星は、もう存在していない可能性がある」と授業で聞いてびっくりした。

光は一定の速さで動いていて、伝わるのに時間がかかる。だから宇宙で光っているように見える星も、何百年、何千年かけて光が地球に届く間に、星自体が消滅しているかもしれないというのだ。

「光に速さがあるなんて！」

それまでは野球部の練習でくたくたに疲れて家に帰って、すぐ寝ていた。でも、辞典で一つの用語を調べると、そこにある別の用語の意味を知りたくなる。知りたい世界がどんどん広がった。物理を理解するために、数学にものめり込んだ。

ただ一つ、問題があった。

物理と数学には自信があったが、国語や社会では赤点を取ることもしばしば。両親からは「進学するなら地元国立大の千葉大に」と言われていたが、すべての科目で高得点が求められる普通の入試は、自分は突破できそうにない。

　高卒で就職かも……。そんな考えも頭をよぎっていた頃、〈物理のスペシャリスト〉を求める飛び入学のチャンスが、飛び込んできた。

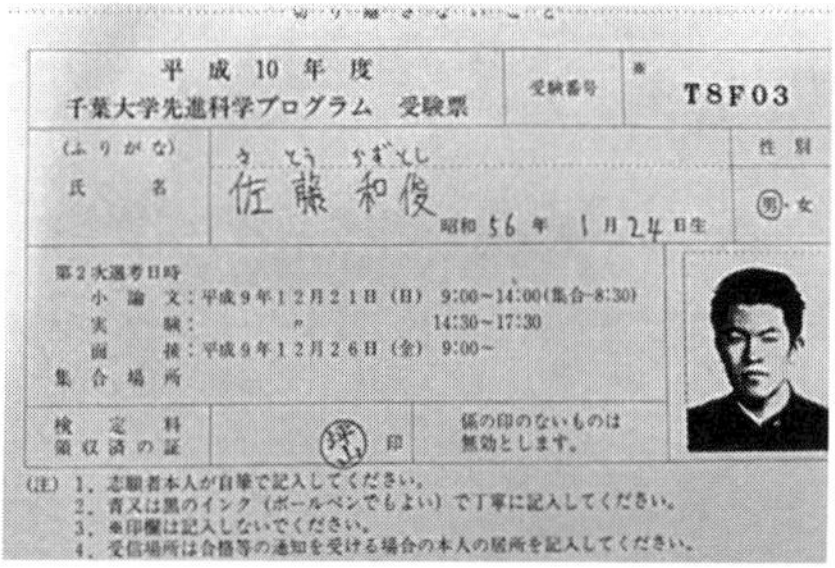

平成10年度
千葉大学先進科学プログラム　受験票
受験番号 ※ T8F03
(ふりがな) さとう かずとし
氏名 佐藤和俊
昭和56年1月24日生
性別 男・女
第2次選考日時
小論文：平成9年12月21日(日) 9:00~14:00(集合-8:30)
実験： 〃 14:30~17:30
面接：平成9年12月26日(金) 9:00~
集合場所
検定料収済の証 印
係の印のないものは無効とします。
(注) 1. 志願者本人が自筆で記入してください。
2. 青又は黒のインク（ボールペンでもよい）で丁寧に記入してください。
3. ※印欄は記入しないでください。
4. 受信場所は合格等の通知を受ける場合の本人の居所を記入してください。

千葉大「飛び入学試験」の受験票

「われわれには、飛び入学で日本の受験制度に風穴を開けたい、という気持ちがあった。従来の発想にとらわれない『とんがった学生』がほしくて、佐藤君はまさにそういうところがあった」。大学で指導した山本和貫准教授は、そう振り返る。

　全国初の飛び入学試験。第1問は、〈火星の水が失われた原因を論理的に述べよ〉。火星に水がない原因には諸説あり、いわゆる正解がない問題だった。「手応えは分からなかった」という佐藤さんだが、見事に最初の合格者3人のうちの1人に選ばれた。

飛び入学で入った3人は、いわば「特別待遇」だった。専用の自習室が用意され、担当の大学院生がついて、個別に学業や生活の相談に乗ってくれた。夏には米国の大学で1か月間の研修も。世間の関心は高く、海外研修ではメディアの同行取材も受けた。

それでも、浮かれた気持ちは起きなかった。「存分に勉強できて、ただうれしかった」と佐藤さんは言う。

大学院にも進み、光の伝わり方を制御できる「フォトニック結晶」を研究テーマに論文を書いて、修士号を得た。

「佐藤君は好奇心旺盛で、疑問を持つと、しつこく突き詰めていくタイプ。特に光へのこだわりはすごくて、研究者に向いていると思った」

飛び入学への扉を開いた高校時代の担任教師、関川雅英さん（現・成田高付属中学教頭）はそう語る。

大学院を出ると、宮城県にある財団法人の研究機関に職を得た。働きながら論文を書いて、博士号も取りたいな。科学者への道は前途洋々——かと思われた。

手取りが15万円？

しかし、初任給を受け取った佐藤さんは目を疑う。

「え、手取りが15万円？」

就職した前の年、中学の同級生だった妻・裕子さんとの間に長女が生まれていた。学生時代の奨学金の返済に加え、郊外に借りたアパートの家賃や通勤のための車の維持費もかかる。

ご飯と、おかずは1品にして食費を切り詰めた。月に1回、千葉の実家から米やレトルト食品を送ってもらうだけでは足りず、知人に野菜を分けてもらったり、カップラーメンで済ませたり。ギリギリの生活だった。

仕事はやりがいがあった。専門知識を生かしてベンチャー企業と偏光カメラも開発した。だが、「食べていけない」現実はつらかった。

この時、佐藤さん25歳。企業の研究職で良さそうな求人を見つけても、面接に行くための新幹線代すら工面できない。家族で実家に戻り、古巣の千葉大に非常勤講師などのポストを分けてもらいながら、予備校の講師もかけもちした。

1年、また1年と契約更新を続ける日々。「来年も契約してもらえるだろうか」という不安は年ごとに募った。もっと安定した研究職はないか、社会保険を心配せずに暮らせないか――。

30歳を超えて2年が過ぎた時、千葉大の仕事が切れた。ここで佐藤さんは、周囲が驚く決断をする。

「世の中には、プロを目指してもなれない人はいる」

学生時代、車好きが高じてアルバイトとしてトレーラーの運転手をやっていた。大型免許とけん引免許は持っている。現実を受け入れよう。

２０１３年の春、研究者の道に見切りをつけ、運送会社に就職した。

「もう少し踏ん張れば、道が開けたかもしれないのに」。大学の指導教員だった山本さんは、惜しくてならない。しかしその一方で、こんな思いも抱えている。

「今の日本では、1年2年という、先の見える小さな実験で結果を出さなければ研究職に就けない。佐藤君はもっと大きなところ、『海のものとも山のものとも分からない』という世界に興味を持っていた」

大きな視点ゆえに科学者になれないとしたら、何という皮肉だろう。

「この公式なくても解けるよ」

トレーラー運転手の仕事に専念してから、今年で8年目。佐藤さんは正社員として家族3人が暮らせる給料をもらい、4年前に千葉県内に一軒家を購入した。週末には、ささやかながら外食もできる。妻の裕子さんは「好きなことができていればいい」と温かく見守る。

研究の道に未練はない。でもやっぱり物理が好きで、教えるのも好きだ。だから今も、知り合いの子供の家庭教師を引き受けている。

2月中旬。中2の男子生徒の家で理科の勉強をみた。学習書には電気抵抗の公式が載っているが、「ぶっちゃけ、この公式なくても解けるよ」と伝える。

「頭を整理すれば、知っている計算で解けるんだよ」とアドバイスすると、生徒は自分で計算を進め、正解を導き出した。「すごいセンスあるね」とほめると、「ぼくも天才になれるかな」と照れ笑いが返ってきた。

もし研究の仕事があれば、たぶん続けていたと思う。でも考えても仕方がない。今は、

トレーラー運転手として街を駆ける佐藤さん

与えられた積み荷をしっかりと目的地に運ぼう。「ブレーキは『パスカルの原理』とか、車の運転って結構、物理に関係あるんですよ」。朗らかに笑って、佐藤さんは今日も大きくハンドルを切る。

「飛び入学」のその後

千葉大の飛び入学では昨年までに76人が卒業した。卒業後の進路は、大学教員や研究機関の研究員が12人。民間企業への就職は43人で、佐藤さんもここに含まれる。

佐藤さんと同じく初代合格者となった梶田晴司さんは豊田中央研究所に入った。トヨタとともに自動車部品の材料開発に向けた研究などを進めている。

梶田さんは、学生時代に佐藤さんが「物理屋になれなかったら、トラックの運ちゃんになる」と話していたのを今も覚えている。「ポストや生活が安定せず、研究を諦める人は多い。自分も大学では厳しいと感じ、民間の研究機関に入った。このままだと日本の科学技術はどうなるのかという思いはある」と梶田さんは語った。

もう1人の初代合格者、松尾圭さんは大学で宇宙物理学を専攻していたが、大学院時代に千葉県の政策提案に関わったことで社会科学分野に転向。現在は、千葉市の生活自立・仕事相談センターで相談支援員として働いている。

（2020年3月22日掲載／朝来野祥子）

3　「キラキラ」に決別、「王子様」から改名した18歳〈2019〉

宛名は「赤池王子様 様」

「名前変更の許可が下りましたァー！！！！！！！」

２０１９年３月７日。高校３年生の18歳だった赤池さんがツイッターに投稿すると、たちまち転載（リツイート）は10万を超えた。反響の大きさに驚いた。

高校卒業を前にひとりで家庭裁判所を訪れ、親から付けてもらった名前を変えた。変える前の名前は「王子様」。〈様〉までが本名だから、年賀状の宛名は「赤池王子様 様」で届いた。

この名前では、生きづらかった。だから自分の意志で変えた。新しい名は「肇《はじめ》」。はじめの一歩を、踏み出そうと思った。

甲府盆地の真ん中にある山梨県昭和町に生まれた。人口は2万人ほど。物心ついた頃には、赤池さんはすでに皆から「王子」と呼ばれていた。友達も先生も、親しみを込めて「王子、王子」と呼んでくれた。

いじめられることは全くなかった。ただ小学校低学年の頃には何となく、「自分の名前、変かも」と思うようになっていた。

赤池さんの中学校の卒業アルバム

病院の待合室でフルネームを呼ばれると、他の患者らの視線が一斉に自分に集まる。「赤池王子様、さま……」。呼び出し係の人も、何だか言いにくそうだ。

地元のショッピングモールでは、全く知らない人に「あれ、王子様だよ」と指をさされた。カラオケ店で会員登録をしようと本名の「赤池王子様」と書くと、偽名だと疑われたのだろう。あからさまに不審の目を向けられた。

なぜ「王子様」なのか。この名前を付けたのは、母親だ。学校の授業で自身の名前の由来を調べるという課題があって、かつて尋ねたことがある。

母はその時、「私の大事な息子という意味だよ。私にとっての王子様だから」と教えてくれた。

〈子どもには、生まれた時から名前を持つ権利がある〉。１９８９年に国連で採択された子どもの権利条約は、そう説く。名前を付けることで他の人間と区別し、その人の人生が始まる。

名前は、生まれた時に誰かに付けてもらうもので、普通は自分では選べない。だから赤池さんも、途中まではあまり疑いなく、「王子様」という名前を受け入れてきた。

だが高校に入って、「名前とは」という問題に真剣に向き合うことになる。

新学期のクラスの自己紹介。自分の番で名乗ると、ひとりの女子生徒が噴き出した。しかも、その笑いが止まらない。中学までは、周りで笑い転げる人はいなかったのに――。

ただこの時、女子生徒に感じたのは怒りでも悲しみでもなく、共感だった。

「だって、変な名前って笑われて当然でしょう。王子様だもん」

そもそも王子というのは「役職」だ。なのに「様」が付いていること自体、おかしいと自分でも思った。

「よし、改名しよう」。そう思い立った。中学時代、人気漫画「こち亀」こと「こちら葛飾区亀有公園前派出所」を読んで、本名は変えられると知っていた。170巻の「改名くん」の巻。不運な男たちが名前を変えた後、宝くじが当たったり、女性にもてるようになったりして運気が上昇する、というドタバタ劇だ。

ストーリーそのものよりも、改名できるという社会のルールが心に刻まれた。

それに、これだけ名前がいちいち注目される状況には、もう耐えられなかった。変わった名前だからではない。

「単に親が付けた名前が珍しいというだけで目立つなんて、プライドが許さない。名を売るなら、自分の実力で勝負したい」。そのために、自分で自分の名付けをしようと心に決めた。

僧侶に相談

「王子は生きづらいだろうな」。両親の知人で、幼い頃から赤池さんを知る甲斐善光寺

（甲府市）の僧侶・渡辺光順さんは、名前のことをずっと心配していた。

明るく、社交性もある赤池さんは、皆から愛されて育った。大人に交じってゲームをすると「僕は子どもだから」と順番を譲るなど大人びた面もあり、本人が築く人間関係には何の問題もなかった。

だが、「昭和町に王子様という名前の子どもがいるらしい」という「うわさ」は、渡辺さんのもとにも届いていた。インターネット上には、奇抜な名前を意味する「キラキラネーム」の代表例として掲載されていた。社会に出てからは苦労するだろう、という危惧はあった。

だから、高校生になった赤池さんから「名前、変えようと思うんだけど」と相談された時、「いいんじゃない」と答えた。

改名の時期は、高校卒業時と赤池さんは決めた。大学に行けば、新しい友人もできるだろう。いいタイミングだ。スマートフォンで「改名　やり方」と検索すると、15歳以上なら、親の同意がなくても自分の意志で名前を変えられることがわかった。

母に伝えたら残念そうな顔になって、しばらく口をきいてくれなかった。でも、最後は気持ちを尊重してくれたと思っている。

父は、「おまえの人生だ」と言ってくれた。

「名前、どーすっか？」

高校のクラスメートに相談すると、友人は手にしていた倫理の教科書をパラパラとめくって手を止めた。

「河上肇」。「貧乏物語」で知られる経済学者だ。

「はじめって感じの顔じゃね？」。友人の一押しに、不思議としっくりきた。漢字も格好いい。

「赤池肇って合うよな」。もう、「肇」以外は考えられなかった。渡辺さんに報告すると、「自分が良いと思う名前にすればいい」と背中を押してくれた。

「赤ちゃんが名前をもらうのとは違う。音や漢字も含めて、自分が気に入り、つつがなく生活できる名を選べばいい」と渡辺さんは思う。

戸籍上の名前は、家庭裁判所の許可があれば変えられる。赤池さんは甲府市内の家裁を一人で訪ね、職員から説明を受けた。

変更が認められるには、「名の変更をしないとその人の社会生活において支障をきたす」といった正当な理由が必要となる。たとえば、「むずかしくて正確に読まれない」「異性とまぎらわしい」といった理由だ。

家裁には「名の変更許可申立書」と戸籍謄本などを提出。必要な費用は収入印紙800円分と、連絡用の郵便切手代のみだ。

「王子様」という名前は不便で不本意だと伝えると、職員は「申し立てをすれば通ると思うよ」と言ってくれた。

1か月後の審判結果

申し立ての書類をもらい、理由の欄の「奇妙な名である」の項目に○を付けて提出した。約1か月後、家裁から封筒が届いた。少し緊張して封を開けると、「『王子様』を『肇』に変更することを許可する」と審判結果が書かれていた。

「やった。王子様じゃなくなった」

改名のことを、「思い出がなくなるみたい」と言ってくれる友人もいた。周りの人たちに恵まれて生きてきたんだな。改めて思った。

この春、「肇」になって1年がたった。入学した山梨県立大では、自己紹介をしても周りの反応は薄い。「これが普通なのか」。名前に注目されないことが、新鮮だった。

初めて会った相手と仲良くなろうと、自分から「俺、王子様だったんだ」と話すこともある。「どっちで呼べばいい？」と聞かれて、「どっちでも」と答えると、大抵、相手は「肇」を選ぶ。

「『肇』がしっくりきているのかな」。呼ばれるたびに名前を変えた実感がわき、「改名してよかった」と思う。

自室のパソコンで音楽制作に打ち込む赤池さん

新型コロナウイルスの影響で大学の休みが続く今、赤池さんは1日の大半を音楽活動に費やしている。トランペットを習得してジャズやクラシックにも挑戦したが、今はクラブミュージックにのめり込んでいる。パソコンや専用の機器で曲を作り、仲間と組むバンドでボーカルをつとめる。重くて激しい「デスボイス」で歌い上げる技術には、自信がある。

　いつか、バンドで成功したい。作曲家・編曲家としても活躍し、多くの人に自分の音楽を届けたい――。そう夢見て、ネット上に自作の曲や演奏映像を載せては、腕を磨く日々だ。

「名前を変えるなんて、ほんと、大したことないですよ。俺はまだ、何も成し遂げていない」

「肇」という字には、「入り口をあけて物事をはじめる」という意味もあるという。次は名前の奇抜さではなく、自分の実力で扉を開き、有名になってみせる。

「音楽の世界で、再びバズって（注目を集めて）みたいですね」

　赤池肇さんは、にっこり笑って言った。


（2020年4月19日掲載／林理恵）

4「演技してみたい」両腕のない、19歳の主演女優〈1981〉

のり子さんは、今

サリドマイド薬害のため両腕がない状態で生まれた女性の日々を活写した映画「典子《のりこ》は、今」（松山善三監督）は、1981年に公開された。

主人公の典子さんは、熊本県に暮らす実在の人物。足を使って冷蔵庫を開け、お茶を飲む。足の指で書をたしなみ、ミシンで洋裁もこなす。

本人にとっては、普通のこと。そこにちょっとした冒険を織り込み、典子さん自身が主演した映画は大評判となり、当時の皇太子ご夫妻（現在の上皇ご夫妻）もご覧になった。

女優体験は心地よかった。あの時代、自分がありのままの姿で映画に出た意味もあったと思う。ただ、あまりにも大きな反響によって、「ああ、自分は障害者なんだ」と思い知らされた。

あれから40年近くがたった。典子改め、「のり子」と名乗る白井のり子さんは、今――。

映画のオファーは、突然やって来た。

熊本市の職員採用試験に合格してから1年余り。1981年、白井のり子さん（当時は辻典子さん、19歳）のもとに、プロデューサーと名乗る人物から電話があった。「あなたの映画を作りたい」と言う。

突拍子もない申し出に、最初は断った。すると今度は、社会派として知られる松山善三監督本人が熊本に訪ねてきて、「同じ境遇の人が元気になるような映画を作りたい」と熱心に説得された。折しもこの年は、国連が定めた「国際障害者年」。狙い澄ましたようなタイミングに、戸惑った。

出るべきか、出ないべきか。当時は障害者は表に出ず、どちらかというと「隠れて」生きた時代。母親の英子さんに聞けば、「見せ物になるだけだから、やめなさい」と言うに違いない。

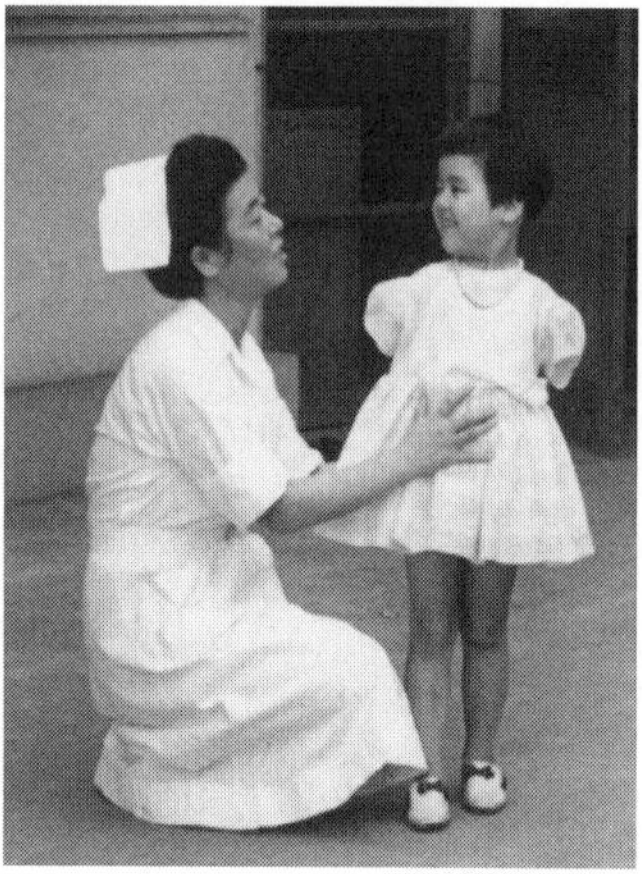
看護師の母、英子さんと3歳ののり子さん〈白井のり子事務所提供〉

でも。実は、ちょっとやってみたい気持ちもあった。「私も山口百恵さんのように演技してみたい」。母の目の前で、監督に「私、出ます」と答えた。

看護師だった母と薬害

のり子さんは1962年、「サリドマイド薬害」の被害者として生まれた。生まれつき、両腕がない。

1950年代から60年代にかけて世界で販売された鎮静睡眠薬・サリドマイドは、妊婦が服用すると、生まれてくる子どもの手や足などに重い障害が出る事例が各地で報告された。

看護師だった英子さんは、夜勤で不規則な生活の中で、サリドマイドが配合された睡眠薬を飲んでいたようだ。ただ、のり子さんは、サリドマイドのことを母から聞いたことはない。

「私が母の立場だったら聞かれたくないし、母はきっと思い出したくないでしょう。だから私から聞くこともしなかった」。自身の出生の経緯は、後に週刊誌で知った。

のり子さんが1歳の頃、父親が家を出て、母子2人だけの生活が始まった。

「泣いても手は生えてこん」。英子さんはそう言って、のり子さんを特別扱いせず、何でも自分でやらせた。食事も勉強も、足を使えばできるようになった。

「母は、夢や理想を持たない現実的な人。誰かが助けてくれるなんて、そんな生易しい考えはなかった」と、のり子さん。「私には手がないだけで足がある。自分を障害者だと思ったことはなかった」

何でもできたのり子さんだが、トイレだけは1人では無理だった。下着を下げることはできても、上げることができない。英子さんは毎日、昼休みに学校に通い、用を足す手助けをした。洋式トイレが普及した今は1人でトイレに行けるが、学校に通っていた12年間、母が来てくれたその昼の1回だけが、のり子さんのトイレのチャンスだった。

「初めて会った時、お2人の硬い表情、物怖《ものお》じせず、胸をはった様子に、『母子で世間と闘ってこられたのだな』と感じた」

映画「典子は、今」で、主人公・典子の母親役を演じた女優の渡辺美佐子さんは振り返る。

養護学校（当時）への入学を断られた帰り道、2人で大声を上げて泣いたこと。一転して普通学級入りが認められ、晴れやかな笑顔で入学式を迎えたこと。映画には、母子で刻んできた足跡が随所に盛り込まれた。

「『大変だったわね』とはとても言えず、私的な話はあまり聞き出せずにいた」という渡辺さんは、撮影中にふと、のり子さんの腕をつかもうとしてはっとした。人には腕があるのが当然、という考えが行動に出た。俳優である前に、人間としての自分が問われる現場だった。

「いろんな映画に出演したけど、『典子は、今』は特別な作品。本物の典子ちゃんを前に、『女優として役を演じている私って何だろう』と感じ、撮影が毎回つらかったのを今でも覚えている」と渡辺さんは言う。

のり子さんによると、松山監督からは「かわいいね、きれいだね」と褒められた記憶しかないという。

一方、松山監督の妻で、付きっきりで演技指導をしてくれた女優の高峰秀子さんは

「優しくも厳しい人」だった。「方言は必要だけど、ベタベタする方言はダメ」と教えてもらった。

映画の撮影現場に同行した写真家の立木義浩さんは「典子ちゃんの凄《すご》みを最大限引き出そうと、高峰さんは一生懸命だった。映画が公開されたら注目されて大変だろうけど、典子ちゃんにはその苦しい状況を乗り越えられる生命力があると、高峰さんは信じていたと思う」と語る。

完成した映画は、大ヒットした。日本映画製作者連盟（東京）によると、この年、「典子は、今」の配給収入は13億円に上り、年間第5位。高倉健さん主演の「駅　STATION」（7位）など人気映画を上回り、全国の学校でも次々と上映された。「時の人」を一目見ようと、市役所には大勢の人が詰めかけ、山のような手紙も届いた。いつも「普通でありたい」と思い、行動してきたのに、主人公の典子は「障害を抱えて頑張っている特別な女性」として、一人歩きしてしまっていた。

そんな「典子」と決別するため、映画の公開から5年ほどたった頃、「のり子」と名乗ることにした。映画を観たのは、当時の皇太子ご夫妻とともに鑑賞した完成試写会の

1回のみ。その後は1回も観ていない。

市役所時代の上司だった西島喜義さんも、あえて映画を観なかったという。「観たら特別な人だと思ってしまいそうだったから。配慮はするが特別扱いはしない、と決めていた」

44歳で退職

結婚して2児に恵まれ、入庁以来、福祉畑で仕事にまい進した。だが40歳を超えて責任ある立場となり、会議や外出が増えた。たくさんの書類を持参して庁舎内外を回るには助けが必要だ。同僚に迷惑をかけることが、何よりも許せなかった。

「キャリアウーマンに憧れていたけど、現実とのギャップを感じた。潮時だ」。2006年春、26年間勤めた熊本市役所を、44歳で退職した。

退職後、講演活動を始めた。映画を観てくれた人への恩返し、そして、障害者の家族が抱える肩身の狭さを減らすことができないかと考えた。「典子」と決別したつもりだったが、年を重ね、「典子」のおかげで多くの人に話を聞いてもらえると自覚していた。

「ホルト・オーラム症候群」という病気で両腕なく生まれてきた北海道の石川大君（2

011年、7歳で死去）の父・玲司さんにも出会った。玲司さんは「苦労もあったと思う。でも、『ないものはない』と前向きに生きる姿に背中を押され、大の存在を隠すことはなくなった」と話す。

12年の夏。ロンドンパラリンピックのニュースを見て、のり子さんは過去の大会との違いに気づいた。障害は一つの個性と捉えられ、選手たちは派手な音楽つきで紹介された。「障害者も自分をアピールし、力を発揮できる社会になった。私の役目は終わったかな」。8年間でおよそ40都道府県を訪れ、14年に講演を終えた。

「世の中は変わりました」

今、のり子さんは熊本県合志市でIT関連の個人事業所を構え、仲間とソフトウェア開発などを手がける。目下、取り組んでいるのは、西南戦争の激戦地・田原坂（熊本市）を紹介するホームページの作成。地元の歴史家から依頼された。足指でマウスを操る。

仕事を終え、仲間や家族とお酒を飲み、焼き肉を食べるのが至福の時だ。子どもたちは独立し、夫の政広さんと2人暮らし。母の英子さんが暮らす家には、足で運転できる

知人らとバーベキューを楽しむ。夫の政広さんがさりげなく
ワイングラスを持ち上げ、のり子さんの口元で傾けた

改造車で向かう。

映画「典子は、今」のラストシーンでは、小舟から海に飛び込んだ。海で泳ぐのはこの時が初めてだったが、やればできた。

「今も目の前にあることに一つずつ取り組んでいきたい。人生100年。まだまだ先は長いです」。のり子さんの挑戦は続く。

のり子さんを取材して

「『典子は、今』のような映画が今の時代、公開されたら観にいきますか？　今は話題にもならないと思いますよ。もう世の中は変わりました」

のり子さんは、今の社会をこう表現する。

6年前に講演活動を終えたのり子さんは、メディアから遠ざかっていた。今回は、記者が映画公開から10年も後に生まれたということから、「若い世代がどんな意見をもつのか知りたい」と取材を受けてくれた。

映画を観て、「普通」であるために足でやれることは何でもやろうと努力し、実際にやり遂げてしまう強さに驚いた。のり子さんは多くを語らないが、現実には差別や偏見があって、それに打ち克《か》つための努力なのだろうと思ったし、平凡で当たり前の生活は当たり前ではないと実感した。今も多くの人に観てもらいたい映画だと思う。

（2020年6月21日掲載／坂本早希）

5　延長50回、「もう一つの甲子園」を背負った18歳〈2014〉

「明石トーカロ球場」で

読者の皆さんは、6年前の夏の、あの球史に残る一戦をご存じだろうか。高校野球ではあるが、甲子園ではない。兵庫県の「明石トーカロ球場」で行われた軟式野球の全国高校選手権・準決勝である。

2014年8月31日、「もう一つの甲子園」と呼ばれるこの大会のマウンドで、中京高（岐阜）のエース・松井大河さん（当時18歳）は「ふっ」と息を吐いた。延長50回裏。嘘《うそ》みたいな展開だが、1人で投げ抜いてきた。

外角低めに速球を投げ込む。これで709球目。相手の崇徳《そうとく》高（広島）打者のバットが空を切った。35個目の三振で、4日間の死闘は終わった。

この一戦は、後に高校野球のルールの見直しにつながった。松井さんは思う。「あの試合はつらく長い時間だった。でも、濃密な時間だった」

相手の練習を一目見て、松井さんは思った。「チャラついてるな」

14年8月28日、軟式野球の全国高校選手権の準決勝。自分たち中京高は全員丸刈りなのに、相手の崇徳高は皆、髪を伸ばしているのがまず気に入らない。それに和気あいあいと、笑ってキャッチボールをしていた。

それまで6度の全国優勝を誇った中京高にとって、崇徳高は軟式ではほぼ無名の存在。「自分たちの野球ができれば負けるはずがない」。松井さんには自信があった。

が、試合が始まった途端、相手の印象は大きく変わった。細身の崇徳高・石岡樹輝弥《じゅきや》投手が繰り出す球は、伸びもキレもある。

「これは投げ合いになる」。松井さんは覚悟した。

岐阜県多治見市で育った松井さんは、幼稚園の頃から野球一筋。中学で125キロを投げ、県の選抜メンバーに選ばれた。「高校では甲子園を目指そうかな」と考えていた。

そんな時、中京高の平中亮太監督が中学校を訪ねてきて言った。「軟式で、一緒に日本一を目指さないか?」

全国の高校が一斉に甲子園という大舞台を目指す硬式野球では、日本一どころか県大会を突破できるかどうかも分からない。でも軟式なら……。父親同席のもとで話を聞いた松井さん。心がぐらっと揺れた時、監督は持参した背番号「1」のゼッケンを差し出した。黒い油性ペンで、自筆のメッセージが書き込まれていた。

「松井君へ　君と一緒に再び日本一を勝ち取りたい　中途半端で終わってほしくない」

ダメ押しの一手だった。中京高で日本一になる。松井さんの目標は定まった。

監督がエースにこだわったのにはわけがある。軟式は硬式に比べ、「点が入りにくい」という特徴がある。ゴム製で中が空洞の軟式球は、硬式球とは違って打球は遠くに飛ばない。バントや盗塁、「たたき」と呼ばれるたたきつけるバッティングで1点をもぎ取る戦いになる。

1点の重みが圧倒的に大きい軟式野球。堅い守備に加え、ピンチでも動じない、絶対的なエースが必要だった。「松井には、ランナーを抱えても際どいコースを攻める気持ちの強さがあった」。平中監督は振り返る。

2日目、延長16回から

崇徳高との準決勝は、緊迫の投手戦となった。初日は延長15回で0―0。2日目は延長16回からスタートした。

当時、硬式野球は延長15回で引き分け再試合だが、軟式は違う。「継続試合（サスペンデッド制）」が採用されていた。再試合ではなく、前日からの試合の続き。先攻の中京高は毎回、「サヨナラ負け」のプレッシャーを背負う。

延長17回裏。攻める崇徳高はバントや盗塁で一死二、三塁。1点入れば終わりだ。「あれをやるなら、今しかない」。守る中京高の西山裕基捕手は、ベンチの平中監督を見た。思った通り、監督から「あれ」のサインが出た。

西山捕手はさりげなく両手を上げ、仲間にサインを伝える。ワンボールからの2球目。松井さんがわざと大きく外角へ外した。球を受けた西山捕手は迷わず二塁に送球した。三塁走者が生還すればサヨナラの場面。いわば「無関係」の二塁走者は油断したのか、大きくリードを取っていた。

内野は極端な前進守備で、二塁は誰も守っていないはずだった。だが、そこには何と、はるばる外野のライトの選手がそろりと足を延ばして、カバーに入っていた。塁に戻りきれない二塁走者はあえなくタッチアウト。大一番での鮮やかなトリックプレーだった。「高校3年間で1回使うかどうかという究極のプレー。でもこの1回のために、徹底的に練習してきた。松井の力投に応えたいと、皆が必死だった」と西山捕手は語る。

「信じられないプレーだった」。崇徳高の中河和也監督は驚がくした。自由を重んじ、選手に自ら考えさせるプレーを心がけてきた中河監督だが、「鍛え抜かれた中京高の凄みを感じた」。崇徳高に傾きかけた試合の流れは一気に引き戻され、そこからまた「0の行進」が続く。2日目は延長30回で終了。翌3日目は延長45回までいっても決着がつかなかった。

試合会場の「明石トーカロ球場」の地元・明石高校の2年生だった藤井朋音さんは、初回からずっとアナウンスを担当した。「見た目の印象は、真面目（中京）とチャラい（崇徳）のが戦っている感じなんですが、お互いに一切手を抜かず、エラーもほとんどなく、すごい緊張感。自分は大変な試合に関わっているんだと、責任感が増していきました」と話す。

野球殿堂博物館などによると、高校野球の全国大会の延長記録は硬式・軟式とも25回が最長。プロ野球でも延長28回（1リーグ時代）が最も長い。松井さんたちは未到の領域に大きく踏み出していた。

「正直、何で打ってくれないんだ、という気持ちはありました。出口の見えない、暗いトンネルの中にいるようだった」と松井さん。「でも相手もずっと1人で投げている。自分が先に降りる気はなかった」

２人の監督も、悩んだ。３日目が終わった時点で、両投手の投球数はともに６００球を超えていた。高校生にこれだけの球数を投げさせていいはずがない。しかし、ここで交代させて次の投手がもし打たれたら、その投手も、降板した先発投手も、ともに心に傷を負うのではないか。２人の監督はそれぞれのベンチで全く同じことを考えていた。

「あの流れで代える勇気は出なかった」。中京高の平中監督は言う。

破られた均衡

長い長い試合の均衡は、４日目の延長50回表、ついに破られた。それまで乱れること

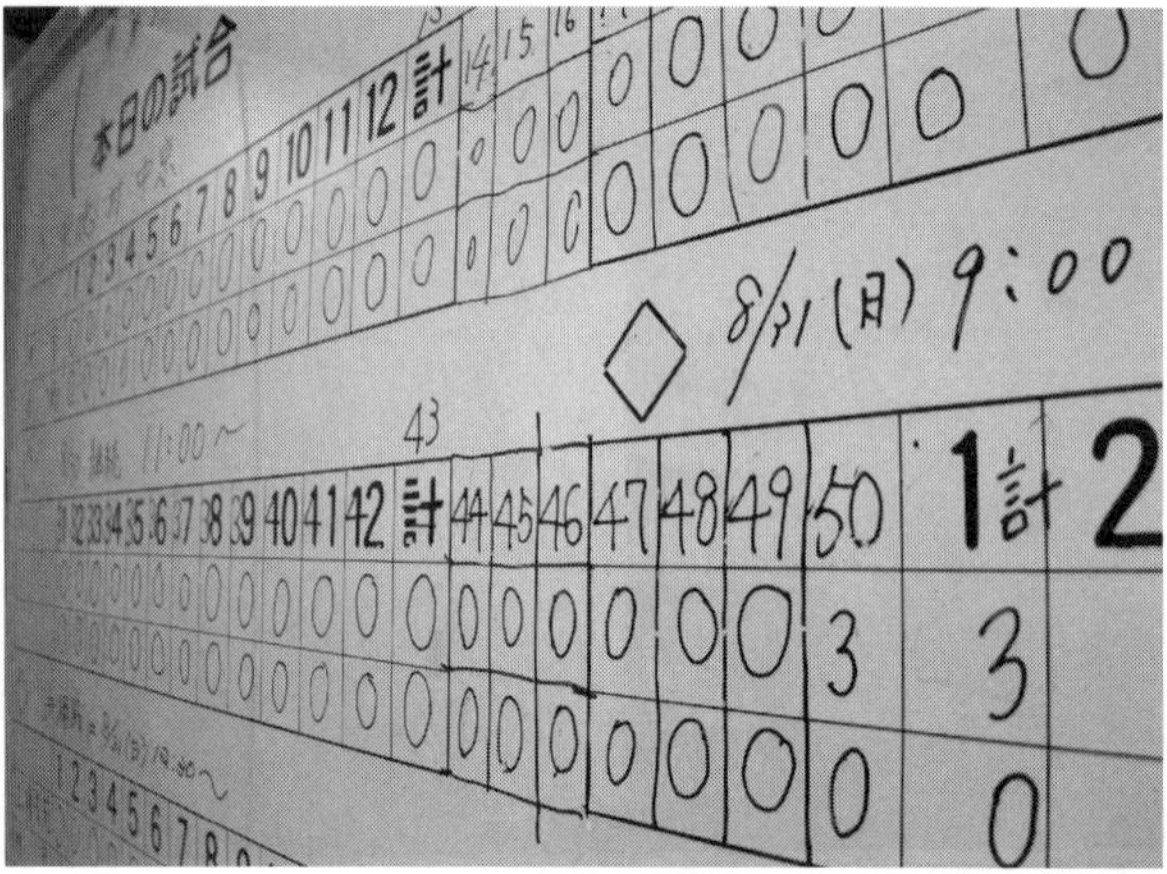

延長50回、4日分をつなげたスコアボード

のなかった崇徳高・石岡投手が、バントの処理で悪送球し、暴投も出た。中京高は二塁打などで3得点。初の得点に、松井さんは奮い立った。50回裏、渾身《こんしん》の力を込めた709球目で相手から三振を奪うと、拳を突き上げた。

その日のうちに行われた決勝戦でも、松井さんは4回途中から登板。試合は2―0で勝ち、胴上げ投手となった。卒業後、松井さんは中京大（愛知）の準硬式野球部に進んだ。右腕を痛めて半年近く投げられない時期もあったが、焦らず、少しずつ大学の野球に慣れ、4年時にはエースとして再び日本一をつかんだ。

今も年に数回は会うという平中監督は「あ

れだけ注目された中で、大きく変わらないことも一つの成長だと思う。自分の力だけでなく、仲間がいて勝てたという思いが強くなったからこそ。本当にいい男になった」と目を細める。

松井さんには高校でも、大学でも、幼い頃からの夢だったプロ野球から声がかかることはなかった。「簡単に行ける世界でないとわかっていた」。それでも、野球をやめようとは少しも思わなかった。

今は、愛知県内の会社で、コンロや換気扇、給湯器などを売る営業マンとして働く。２０１９年の秋には同郷で１歳年上の女性と結婚し、守るべき家族ができた。仕事はラクではない。でも、野球を通して自分は我慢強くなったと思う。

「我慢して自分の役目を果たしたら、仲間が応えてくれた。その心強さが今の自分を支えてくれている」

今も社内の軟式野球チームで仲間と白球を追う。硬式野球のように派手なホームランは出ない。ミスをせず、愚直に、丁寧に。「１点をもぎ取り、守る野球」の奥深さを、松井さんはかみしめている。

平日は営業マンとして奮闘する松井さん

「週500球」の球数制限

「延長50回」の激闘は、高校野球のあり方に一石を投じた。もともと「エースが1人で投げ抜く負担」を懸念する声は強く、日本高等学校野球連盟（日本高野連）は「複数投手制」を推奨していた。

2013年春のセンバツで、済美（愛媛）の安楽智大投手が3連投を含む5試合で計772球を投げ、議論が再燃。翌14年の「延長50回」も契機となり、15年以降、硬式・軟式とも延長タイブレイク制が順次導入され、試合時間の短縮が図られている。20年春からは「投手1人で1週間に500球まで」の球数制限も決まった。

日本高野連の「投手の障害予防に関する有識者会議」のメンバーでもある正富隆医師は「感動の陰で泣く選手を生んではならない。指導者の育成、練習でも意識する環境作りが必要だ」と指摘している。

（2020年7月20日掲載／蛭川裕太）

6　断れなかった——姿を現したゴースト作曲家〈2014〉

「もう音楽に関わることはできない」

表舞台に出ることのなかった1人の作曲家が、無数のカメラに囲まれ、フラッシュを浴びていた。

2014年2月6日、記者会見に臨んだ新垣《にいがき》隆さん（当時43歳）は、「耳が聞こえない作曲家」として話題を集めた佐村河内《さむらごうち》守氏のゴーストライターであることを明らかにした。

「もう音楽に関わることはできないだろう」。そう覚悟した。ところが、人生は意外な方向に転がり始める。幅広いジャンルの音楽を手がける新垣さん本人の存在に、世間が気づいた。あれから6年余り。新垣さんは今、自分の名前で、音楽の道を突き進んでいる。

1時間半に及んだ記者会見。新垣さんは1問ずつ丁寧に答えた

「これはまずい」。新垣さんは自覚していた。2001年のことだ。大学の後輩を介して佐村河内氏と出会ってから、5年がたっていた。

それまでも佐村河内氏には映画やゲームの音楽を提供してきたが、いつもはシンセサイザーなどの参考音源があった。だがこの時は、曲のイメージを文章や図で示した紙の「指示書」を手渡された。これに沿って、交響曲を作ってほしいという。

当時、母校・桐朋学園大（東京）で非常勤講師の職を得ていた新垣さんは、お金には困っていなかった。しかし、「頼まれたことを断る、ということがとにかく苦手だった」。

もし断って相手が怒り出したらどうしよう。

断らなくて済む方法をぐるぐると考えた。「長い曲なら売れないだろう。売れなければ、代作とバレることもない……」。結局、約1年をかけて、80分に及ぶ「交響曲第1番」を完成させた。

「断れなかったのが一番。でも、自分の心のどこかに、クラシックではない、『現代の交響曲』を作ってみたいという思いがあったのも事実」と新垣さんは振り返る。

佐村河内氏の依頼は「困りごと」であると同時に、作曲家としての創作意欲をくすぐる要素が確かにあった。

交響曲第1番は、当初は全く注目されなかった。ところが07年、佐村河内氏が「被爆二世として、聴覚を失いながらも交響曲を作った」とする自伝を出版。いつの間にか「HIROSHIMA」という副題がつき、全国各地で演奏されるようになった。作曲時に被爆地・広島への思いを込めた覚えは全くないのに……。

大変なことになった。

たゆたうような曲

証券会社のサラリーマンだった父と、音楽好きの母のもとに生まれた。小学2年から、住んでいた千葉県でヤマハ音楽教室に通った。そこで新垣さんは作曲の奥深さを知る。

「自分の書いた音符が、音になるのが面白くて」

当時、ヤマハ音楽教室の講師を務めていた南聡さん（作曲家、北海道教育大教授）は、新垣さんが小学6年の時に書いた曲に驚いた。

「オーケストラのすべての楽器が入ったフルスコアですよ。普通の子どもはピアノの連弾がせいぜい。こんな子は初めてだった」

中学3年頃まで個別に指導。「子どもなのに、時間に耽溺《たんでき》するというか、たゆたうようにゆっくりとした曲を書いていた」と、南さんはその非凡さを振り返る。

その後、指導を引き継いだのが、作曲家の中川俊郎さんだった。

「音色に対する好みがはっきりしていた。ただピアノを弾くんじゃなくて、音色を選んで表現していた」

ただ、中川さんによると、新垣さんには「内にこもるところがあった」。だからずっと後、音楽仲間のあいだで「佐村河内さんの曲は、新垣さんが作っているらしい」と噂《うわさ》になった時、中川さんは「あり得るな」と直感した。

13年春。中川さんは新垣さんを東京都内の喫茶店に呼び出した。佐村河内氏を追ったドキュメンタリー番組を録画したＤＶＤを手渡して、こう言った。

「何が起きているか、自分がどういうことに関わっているか、目を背けずに、ちゃんと見た方がいい」

週刊誌から取材がきて、すべてを告白したのは、それから半年余り後のことだ。

14年２月６日。記者会見に臨んだ新垣さんは、こう問われた。

「曲が評価されて、『あれは自分が書いたんだ』と言いたくなる葛藤はなかったのでしょうか」

質問にじっと耳を傾け、小さくうなずいて新垣さんは答えた。

「多くの方が聴いてくださるのは非常にうれしいことでした。……ですが、それをどう自分の中で受け止めていいか分からなかった」

曲が世の中に受け入れられた喜びは大きかった。ただ、それは「聴覚を失った佐村河内氏が作った」というストーリーがあってこその評価だとも分かっていた。この複雑な感情をどう表現すればいいだろう。

「だから私は、曲だけ渡して、偽りのストーリーは見ぬふりをして、自分は関係ないと思い込もうとしたのです」。当時の心境を、新垣さんはこう説明する。

次から次に仕事が

騒動後、新垣さんは指をさされるのが怖くて電車に乗れなくなった。非常勤講師の職も辞した。先のことは、何も考えられなかった。

しかし、驚いたことに、仕事は次から次へと舞い込んだ。バラエティー番組でクワガタに鼻を挟まれたり、セーラー服姿で映画をPRしたり。音楽とは無関係のオファーも多かった。

そのいずれも、新垣さんは全力で引き受けた。

「世間には何をやっている人間かと思われたかもしれないが、あれだけの騒動を起こした自分が、この仕事は受けてあれは受けない、と判断するのはとても難しかった」

この「断らない（断れない）」スタイルで露出を続けるうちに、ピアノの即興演奏で見せる音楽の実力が広く知られるようになった。騒動から1年が過ぎた頃には「本業」で次々と仕事が入った。バレエや映画の音楽、ポップスバンドへの参加……。

「交響曲第1番　HIROSHIMA」で大きく裏切ってしまった広島からも、依頼がきた。かつてこの曲を演奏した「東広島交響楽団」の工藤茂代表は、「HIROSHIMAは各楽章に『運命』『希望』などの意味があり、演奏しがいのある作品だった」と言う。楽団は騒動後、「ぜひ改めて、新垣さんの名前で曲を書いてほしい」と頼み、16年、新たな交響曲「連祷《れんとう》―Litany―」が生まれた。

音楽仲間も、新垣さんを放っておけなかった。騒動のずっと前、1990年代から新垣さんを知る作曲家の西沢健一さんによると、難しい伴奏の仕事も、急な編曲の仕事も「新垣さんに頼めば何とかしてくれる」と業界では一目置かれた存在だった。

記者会見の直後から、仲間たちは桐朋学園大に寛大な処分を求めるオンライン署名を開始。1週間で8000筆、最終的に約2万筆集まった。新垣さんは2018年に同大非常勤講師に復帰。20年からは大阪音楽大の客員教授も務める。

取れなくなった連絡

電車やタクシーに乗れるようになったのは、騒動から5年ほどたった頃からだ。「とにかく突っ走ってきて、よく言えば自分の中で積み重ねができた」と新垣さんは言う。

20年は新型コロナウイルスの影響でコンサートが軒並み中止となり、8月からはオン

「シブヤ音楽大学」の学長も務める

ラインで「シブヤ音楽大学」を始めた。新垣さんが学長となって、作曲や声楽の専門家とともに、一般の人に音楽に親しんでもらう取り組みだ。「ジャンルにこだわらず、多くの人と関わりたい。そのきっかけをくれたのは佐村河内さんであり、その意味では感謝している」

騒動からしばらくして、佐村河内氏とは連絡が取れなくなった。当時2人は別々に記者会見をしたが、「あの時、2人でそろって世間に謝りたかった」と新垣さんは思う。

フィギュアスケートの高橋大輔選手のことも、いつも心にある。義手の少女のために作った「ヴァイオリンのためのソナチネ」がゴーストライター作品と知れた直後の14年ソチ冬季五輪。高橋選手は当初の予定通り、この曲でショートプログラムを滑ってくれた。大会のＤＶＤは手元にある。だが、新垣さんはまだ、その映像を見ることができないでいる。

「自分が引き起こした事態の重さは分かっている。今は音楽に関われる喜びをかみしめながら、一つひとつの仕事をやり遂げたい。もちろん、自分の名前で」

頼まれた仕事から本物を生み出し続けることでしか、過去は乗り越えられないと新垣さんは思っている。


新垣さんによると、佐村河内氏には1996年から2014年までの18年間で20曲以上を提供。報酬として計約650万円を得た。「交響曲第1番」や「ヴァイオリンのためのソナチネ」のほか、東日本大震災の津波で母を失った女児のための鎮魂のピアノ曲などもあり、読売新聞を含め、メディアは大きく取り上げた。

新垣さんは楽曲の著作権を佐村河内氏に譲渡しており、日本音楽著作権協会（JASRAC）も管理していない。ゴーストライター時代の曲を現在、新垣さんが演奏することはできない。


（2020年9月22日掲載／山下智寛）

7　福島の山荘を選んだ原子力規制委員トップ〈2017〉

通算240回の記者会見

２０１２年９月19日、東京・六本木のビルの一室。福島の原発事故を受けて新たに発足した国の原子力規制委員会の初代委員長に就いた田中俊一さん（当時67歳）は「やるしかない」と自分に言い聞かせた。

原子力の平和利用を推進してきた自分が、原発を規制する組織のトップを担う。あれだけの事故が起き、国民の視線は厳しい。信頼回復の基本として組織の「独立性」と「透明性」にこだわり、通算２４０回に上った記者会見のやりとりはすべてインターネットで生中継した。５年の任期を終えた17年９月、最後の会見で、「福島に住む」と宣言した。

東日本大震災の発生から、来年で10年になる。福島県飯舘村の山荘に暮らし、周辺でとれた山菜やキノコを食べながら、復興について考え続けている。

東日本大震災が起きた11年3月11日。茨城県ひたちなか市の自宅で、田中さんは「大変なことになる」と予感した。ラジオは津波で東京電力福島第一原子力発電所の電源が喪失したと伝えている。すでに原子力の第一線から退いた身だ。何をできるわけでもなかったが、ニュースに耳を傾けた。

3日後、天皇、皇后両陛下へのご進講の要請を受けた。「現役の人は事故対応で忙しい。だから現役ではない専門家を」と望まれたという。夜中に自家用車を走らせ、東京に向かった。

「炉心を冷却できず、米スリーマイル島の原発事故より重大なことが起きていると想像します」。15日、両陛下にご説明した。予定の時間を超えて熱心なご質問を受けた。

想像をはるかに超える福島の深刻な事態。かつて日本原子力学会の会長も務めた田中さんは、一科学者として「安全神話」へのおごりがあったと責任を感じていた。事故から3週間後、他の科学者らと連名で、国に事故終息のための体制強化を求める建言を公表。文部科学省で開いた記者会見で、田中さんはこう言わずにはいられなかった。

原発事故を受け、記者会見を開いた（中央が田中さん）

「原子力の平和利用を先頭で進めてきた者として、国民に深く陳謝します」

太平洋戦争末期の１９４５年１月、福島市で生まれた。７か月後に終戦。国鉄勤務の父に伴い、伊達や会津で育った。数学と理科が好きな子どもだった。

日本はエネルギー資源に乏しく、石油の対日禁輸は戦争の引き金にもなった。「原子力はこれから発展する夢のある分野」。そう考え、東北大で原子核工学を学んだ。

日本原子力研究所（茨城県東海村）に就職し、放射性物質の遮蔽《しゃへい》や計測に関する研究を進めた。東海研究所の副所長だった99年、燃料加工会社「ジェー・シー・オー（ＪＣＯ）」のウラン加工施設で臨界事故が発生。現場で放射線量を測定し、収束方法を探った。

震災2か月後に飯舘村へ

「福島で再び人が暮らせるように」。その一心で、田中さんは東日本大震災から約2か月後の5月、仲間とともに、汚染が広がっていた福島県飯舘村の長泥地区に入った。

民家周辺の空間線量は毎時10～15マイクロ・シーベルト。一般の人が生活するには高すぎる放射線量だった。屋根や雨どいを高圧洗浄し、土や草をはぎ取る。施設の中ではなく、どこまでも広がる環境への汚染に、打ちのめされる思いだった。

「なかなかむつかしい」。当時の日記に、田中さんはこう書いている。

その後、飯舘村が全村避難となると、隣の伊達市から依頼されて学校や民家での除染作業に加わった。

その姿を、民主党政権（当時）で環境相となった細野豪志氏は現地で見ていた。「原子力ムラ」の一員として国民に謝罪した人、という認識はあったが、実際に長靴姿でスコップを握る姿に「危機的な状況から逃げない。腹が据わっている」とみた。

震災翌年の2012年9月。環境省の外局として、原子力の規制を担う新たな機関「原子力規制委員会」が発足し、田中さんが初代委員長に選ばれた。

この時の心境を、「ただ夢中だった。地に落ちた原子力への信頼を取り戻すという思いだったが、成算は全くなかった」と振り返る。

大きな任務の一つが、原発の安全基準の全面的な見直しだった。新たな基準は、重大事故を二度と起こさないための大がかりな設備を義務づけ、活断層や津波、さらには火山噴火の影響も厳しく見積もるよう定めた。

週1回の記者会見や規制委の会合はすべて公開し、記者との激しいやりとりもインターネットで中継された。

原子力を推進してきた人物が規制の議論を主導することに、批判もあった。世界的にも厳しい基準に、原発推進派からは「過剰規制だ」との声も上がった。原子力研究所時代の上司であり、事故後の記者会見に同席した松浦祥次郎さんは「自分の考えに照らしてつじつまが合わないことがあれば、誰にでもはっきりと物を言う気骨のしっかりした男。色んな圧力はあっただろうが、屈しなかった」と話す。

5年間の任期中、12基が新基準に合格し、5基が再稼働した。通算240回目、最後の記者会見となった17年9月20日。田中さんの心は決まっていた。除染活動で縁のできた飯舘村に移り住み、今度は現場から復興に力を尽くそう。
「一個人ですから、どこまでできるか分からない。でも、やってみたい」

色々な科学者が来ては、去った

飯舘村では、村から一軒家を借りて「飯舘山荘」と名付け、17年12月に引っ越した。18年2月には無給の復興アドバイザーに就いた。妻と2人、茨城と行き来しながら、月の半分を村で暮らす。

ともに長泥地区の除染にかかわってきたNPO法人「放射線安全フォーラム」理事の多田順一郎さんは言う。「これまでに培った人脈や経験、知名度を、福島のために利用しようと考えたのだと思う。そういうことができるのは、あの人しかいない」

震災直後から付き合いが続く菅野典雄村長（当時）は「色々な科学者が村に来ては、百八十度違うことを言って去って行った。そんな中で、混乱した現場に入って除染に取り組み、今も村に住んでくれる田中先生の科学的な物の考え方を信頼している」と語る。

村内だけでも、除染土を詰めたフレコンバッグは230万個を超える。福島県大熊、双葉両町の中間貯蔵施設で30年保管した後、県外へ持って行くことが法律で決まっているが、田中さんは「他県に受け入れ先を見つけるのは現実的ではない」と懐疑的だ。飯舘村の長泥地区では、除染土の上にきれいな土をかぶせ、農業ができるよう再生させる事業を、環境省と村で進めている。

イノハナご飯

春になれば山荘のすぐ裏でコシアブラやタラノメなどの山菜を採り、夏には2人の孫娘を呼び寄せて盆踊りに参加。村で「イノハナ」と呼ばれ、秋の味覚として珍重されてきた香茸《こうたけ》を村の人におすそ分けしてもらうこともある。

野山でとれる山菜やキノコを食べる前には、山荘に置いた放射線測定器で線量を測り、記録している。イノハナの炊き込みご飯の放射性セシウムは1キロあたり1000ベクレル程度で、国の食品規制基準（1キロあたり100ベクレル）を上回る。

田中さんは、「この基準には科学的合理性がない」と言う。「国の放射線防護の目安は年間1ミリ・シーベルトで、これは7万6000ベクレルのセシウムを摂取した場合の線量。イノハナご飯を70キロ以上も食べることはない。1杯なら、歯医者さんで口内のパノラマ写真を撮ったのと同じか、それ以下だ」

だが、村の野山でとれた物を食べることに抵抗を感じる人もいる。「一度心に宿った不安の払拭《ふっしょく》は容易ではない」と田中さんは感じている。

山荘がある雑木林でシイタケ栽培を試みる田中さん

田中さんを信頼しつつも、複雑な思いを抱えているのは長泥地区の前行政区長、鴫原《しぎはら》良友さん。「言っていることはわかるけれど、安全安心を自分の知識のレベルで言われても体が追いつかない」と率直に語る。

農業を営む菅野クニさんは、田中さん宅で友人とともにイノハナご飯を食べた1人だ。線量を測り、数値を確認しながら食べた。「現実にこの村で生きていくには、自分でリスクを見極め、納得することが必要。知識は武器だと思う」。村の人たちは様々に思いを抱え、毎日を暮らしている。

震災前、約6500人いた飯舘村の人口は現在、1480人。田中さんは村の復興には山林資源の活用が欠かせないと考えている。

かつて村では、山のナラの木を原木にしたシイタケ栽培が盛んだった。汚染された原木の表皮からどれだけシイタケに放射性物質が移行するのか。山荘の庭にも菌を植えた原木を置き、シイタケが出てくる日を待つ。「困難な状況の中でも、この村に戻ってもう一度暮らしたい、という人たちの手伝いができれば本望です」。自分の仕事は、まだまだ山積みだと思っている。

（2020年10月19日掲載／田中文香）

8　3年B組イチの不良「加藤優」になった17歳〈1980〉

「腐ったミカン」の存在感

東京・下町の中学校を舞台に様々な社会問題に切り込み、1979～2011年に放送されたTBS系テレビドラマ「3年B組金八先生」。中でも、非行や校内暴力を扱った第2シリーズ（1980～81年）は絶大な人気を集めた。

「腐ったミカン」こと、不良生徒・加藤優《まさる》の存在感が抜群だったからだろう。

強烈な排除の論理と、それを否定し生徒と向き合った金八先生、そして、社会からはみ出した孤独と葛藤を無骨な体《てい》で演じた加藤役の少年の姿は、人々の心に深く刻まれた。その少年こそ、直江喜一さん（当時17歳）。「時の人」となり、波に乗って役者を続けるつもりだった。だが、人生はそうは進まなかった。

不良生徒の加藤優役で出演、人気を集めた直江さん（右）
〈写真提供：TBSテレビ「３年Ｂ組金八先生」〉

東京生まれの東京育ち。中学1年の頃、妹が児童劇団に入っていた。「お兄ちゃんもやってみたら」と誘われたのが、直江さんが演技の道に入ったきっかけだった。

「金八先生」でのデビューは、実は第1シリーズだ。他校の不良生徒として武田鉄矢さん演じる金八先生や生徒らに絡み、最後は金八先生に投げ飛ばされる役だった。

第2シリーズは、同じ不良でも主役級の「加藤優」役に抜てきされた。台本を読んだ時、直江さんは、「こんなに男気のある役をもらっていいのかな」と戸惑ったという。

前の学校で暴力沙汰を起こし、教師らから「腐ったミカン」として排除された加藤。その論理は、腐ったミカンが一つでもあると、箱の中のミカンは腐ってしまう。他のミカンを助けるためには、腐ったミカンをつまみ出さなければならない――というものだった。

転校初日、加藤は教室内で暴れ回り、止めに入った金八先生にも渾身の力でイスを投げつける。

「その暴れ方が尋常じゃなくて。カッとしたら何をするか分からないという彼のキャラクターが、あの場面で決定した」と武田さんは振り返る。

当時は校内暴力事件が増加の一途をたどっていた時代。放送時、高校3年生だった直江さんは通学途中、「おまえ加藤優だよな、勝負しろ」と絡まれ、撮影現場の荒川土手にはやんちゃな少年たちが、「加藤優」を一目見ようと詰めかけた。

ドラマの終盤で、前の学校の放送室に立てこもった加藤。中島みゆきが歌う「世情」が流れる中をスローモーションで警察に連行されるシーンは、大きな話題となった。

「おまわりさんに輪っぱ（手錠）をかけられた時は抵抗せず、少年なのに老人のような静けさで、絶妙の演技だった。三國連太郎さんでもできないのでは、というほど完璧だった」と武田さんは絶賛する。

等身大の子供の姿にこだわったという脚本家の小山内美江子さんからは「加藤優はかっこいい役者にやらせたくない。あなたでちょうど良かったのよ」と言われた。「不良を美化してはいけない」という思いもあったのかもしれない。

思春期の身には複雑な思いがないでもなかったが、「最高の役をもらった。この人気なら誰にも負けない」と、役者を続けると決めた。

「ミカン」のイメージ

しかし、その後は鳴かず飛ばず。「腐ったミカン」のイメージが強くて仕事が入らず、あっても不良役ばかり。

第2シリーズで共演した女優の川上麻衣子さんは「本当の彼は明るくて社交的な三枚目。でも社会現象になったドラマでイメージが固定してしまった。周囲から『金八の加藤優』と言われることに相当悩んでいた」と語る。

仕事がなく、パチンコで憂さを晴らした帰り道。前を歩く女性2人の会話に偶然、自分の名前が出た。直江さんが耳を澄ませると、「仕事がなくてぷらぷらしているらしいよ」「バカじゃない」。心をえぐられた。

21歳で結婚し、子供も2人生まれた。俳優業を細々と続けながら、スーパーのレジ打ちや下水道の配管清掃のアルバイトで食いつないだ。25歳からは塗装のバイトを始めた。30歳になる直前。郵便局の外壁工事で、1歳年下の現場所長が数千万円を動かしているのを見てスケールの大きさに驚いた。その頃、部屋の整理中に、押し入れの奥から金八先生の台本が出てきた。「ここはもっと強く」「抑揚を」。自分の書き込みが残る。「いつまでも懐かしんでいてはダメだ」。直江さんは、自分を叱りつける思いで台本を閉じ、ビニールひもで十字に縛り上げて処分した。「俺は、過去の自分を捨てるんだ」

「俳優に建物がつくれるのか」

その現場所長に思いを伝え、建設会社で働き始めた。35歳の時、社寺建築などで知られる東証1部上場の「松井建設」（東京）の募集を知り、中途採用で入社した。定期券を持ち、毎日行く場所があり、月1回必ず給料をもらえる安心感。でも、周囲の社員らは大学で建築を学んだ人が多く、都立高卒で建築とも無縁だった自分は明らかに異分子だった。

「俳優に建物がつくれるのか」。社内からも施主からも言われた。建築士や建築施工管理技士などの資格を取るために通勤電車で猛勉強し、現場近くに泊まり込む日が続いた。父親が危篤状態になった時も、母の死期が近かった時も仕事を優先し、両親ともに死に目に会えなかった。今思うと、あの頃はほぼ、「記憶がない」。

そうして走り続けた直江さんは次第に、設計者、現場監督、職人は、芸能界でいう脚本家、ディレクター、俳優の関係に似ていると気づく。それぞれの役割を果たし、皆で作品を作る。新天地は思いのほか、自分の性分に合っていた。数年で、現場の一切を取り仕切る現場所長となった。

現場で出会った設備会社社員の新井誠さんは、担当設備にトラブルが見つかった時、直江さんから一方的に怒られるかと思ったら、「俺が何とかするから」と事情を聞いてくれたことが心に残っている。「偉ぶって責任を押しつけたりせず、男気があった。現場では一番下の作業員にも声をかけて、気配りの人だった」と語る。

次から次へと現場を任されていた45歳の時。「直江って、有名人なのか？」。過去のドラマ出演を知った上司から、営業への転身を打診された。かつてあれほど脱却したいと願った「加藤優」が、仕事の幅を広げてくれた。

それからは現場に精通した営業マンとして駆け回り、現在、東京支店の営業第二部長にまで昇進した。

強烈な一発屋で結構

アメリカには「腐ったリンゴは隣を腐らせる」ということわざがあるという。果物が熟すときに出るガスが、周囲にも波及してどんどん成熟が進む現象から、組織からのはみ出し者を、最初の腐ったリンゴにたとえたようだ。日本では金八先生の影響で、「ミカン」が広く定着した。

ドラマの出演から40年。直江さんは今、充実した気持ちで、あの役と向き合っている。趣味のランニングサークルは「腐ったミカン's」、所属するバンド名は「直江喜一とオレンジブレイカーズ」。劇団「ジャップリン」の舞台ではミカンを手に登場し、観客を沸かせる。

「金八先生」のクライマックス、放送室のシーン。ドラマの反響に気が大きくなっていた直江さんは「自分に酔い、泣かせてやろう」と思ってセリフを読んだ。

すると、すぐに武田鉄矢さんがセット裏に直江さんを連れ出した。「台本にあるのは全部良いセリフだ。どこかで見たような青春ドラマみたいな芝居はするな。かっこつけ

松井建設の部長として働く直江さん

ず、一生懸命やれば伝わるんだ」と諭された。

「かっこ悪くても、一生懸命やる」。以来、この考えが、人生の大きなよりどころになったと、直江さんは思う。

武田さんとは今でも、お互いに「先生」「優」と呼び合う。仕事先や趣味の活動でサインを求められたら、「金八先生　加藤優役　直江喜一」とさらりと書く。

「強烈な一発屋で大いに結構。私の名前はわからなくても、『腐ったミカン』なら皆がわかってくれる」と直江さん。

「人生はあみだくじのようなもの。途中でいろんな線が入って、今がある。泣きたいくらい辛《つら》いこともあったけど、今が一番と思える人生を送ってきた」。加藤優の面影が残る目元を、愛嬌《あいきょう》たっぷりにほころばせた。

「わかりやすい比喩」

「3年B組金八先生」第2シリーズは全25回で、加藤優（直江喜一）の登場は5回目から。平均視聴率は第1シリーズを上回る26・3％。親の借金で大人の暴力に巻き込まれた加藤は、前の学校で教師を殴り、金八先生（武田鉄矢）がいる桜中学に転校してくる。初日、クラスの松浦悟（沖田浩之）に足を引っかけられて大げんかするが、金八先生に支えられて心を開き、松浦や迫田八重子（川上麻衣子）らと多感な時期を過ごす。

卒業式の直前、加藤は松浦と共に前の中学に乗り込んで校長らを放送室に監禁し、謝罪を要求。金八先生は、警察から解放された加藤らの頬を力いっぱいたたいた後にしっかりと抱きしめ、加藤は無事に桜中学を卒業した。

テレビドラマ評論家で、日大名誉教授のこうたきてつやさんは「腐ったミカンは非常にわかりやすい比喩表現。1人の不良がいると広がっていく、でもそうじゃないんだ、人間なんだと。脚本のうまさと配役の妙、中学生でも逮捕されるものは逮捕されるのだという、現実から目を背けないリアルさもあった。そこが当時の中高生に響いたのだと思う」と話している。

（2020年11月15日掲載／波多江一郎）

9　松井を5敬遠、罵声を浴びた17歳〈1992〉

「松井は相手にせえへんから」

「5連続」といえば、「敬遠」。あの有名すぎる甲子園での一戦は、1992年8月16日に行われた。

夏の全国高校野球選手権大会2回戦、星稜（石川）—明徳義塾（高知）戦。大会屈指のスラッガーとの呼び声が高かった星稜の4番・松井秀喜さん（当時18歳）を相手に、マウンドに立った明徳義塾の投手・河野和洋さん（当時17歳）は、ランナーがいてもいなくても、とにかくすべて、5打席連続で敬遠した。

「皮膚の感覚がないくらいに、集中していた」。渾身の全20球。松井選手が一度もバットを振らなかったその試合、明徳義塾は1点差で辛勝した。

勝利の校歌斉唱は、甲子園球場全体に広がった「帰れ」コールでかき消された。〈松

「勝負！」コールの中、松井秀喜選手を敬遠する河野さん

井秀喜を5敬遠した男〉の、長くて苦い野球人生が、ここから始まった。

「松井は相手にせえへんから」

92年夏の甲子園。河野さんは、明徳義塾の馬淵史郎監督からこう言われた時、すぐには理解できなかった。

「運命の試合」の5日前。チームのメンバーは、1回戦に登場した星稜の4番・松井秀喜さんの打球をスタンドで生で見た。「ガキーン」とロケットみたいな音がして、すごいスピードで飛んでいく。一人だけ、異次元にいるようだった。

「相手にしない」という言葉の意味がはっきりと分かったのは、2回戦で星稜と対戦する前の晩だ。馬淵監督は「全部するから」と言った。サインは、指で「4」。四球、つまり打者と勝負せずに一塁に歩かせる「敬遠策」だった。

その後の人生で、河野さんは何度、聞かれただろう。

「本当は、勝負したかったんじゃないですか?」

そのたびに、こう答えてきた。

「松井にバットを振らせれば、たとえ空振りでも相手は勢いづく。勝つためには、敬遠しかなかったです」

観客の不満と怒り

「4番、サード、松井君」

憧れ続けた甲子園で、河野さんは計5回、このアナウンスを聞いた。そして5回とも敬遠した。

初回、三回、五回……。松井選手のホームランを楽しみにしていた観客は興奮でどよめき、回を重ねるごとに、それは不満と怒りに変わった。

が、当の松井選手は「隙あらば打つ」という気迫に満ちた構えを崩さず、敬遠されてもふて腐れることなく淡々と一塁に向かった。

このときの松井選手の姿について、当時の星稜監督・山下智茂さんは、後にプロ野球・読売巨人軍の監督としてドラフト会議で松井選手を1位指名した長嶋茂雄さん（現・終身名誉監督）から言われた言葉を、よく覚えている。

「あの、全打席でタイミングを待ちながら立っていた、相手をにらむこともなく冷静だった、あの姿を僕は評価した」。長嶋さんはそう言ったという。

一方、投げた河野さんも冷静だった。「松井のことは怖くなかった。だって、打たれることはないから」

そんな河野さんにも、七回に一瞬、迷いが生じた。松井選手の4打席目。すでに二死で、ランナーはいない。スタンドからは「勝負！　勝負！」というコールがわき起こる。ここでも勝負をせず、敬遠なのか？

河野さんはちらりとベンチを見た。当時36歳だった馬淵監督は一切の迷いなく、敬遠のサインを出した。

「並の監督なら、あの場面で敬遠はできない。これは本気だ、最後までやるんだと、馬淵さんの腹の据わり方をみた思いがした」

最終回。1点を追う星稜は二死三塁という絶好の場面で松井選手の5打席目を迎えた。

割れるような大歓声。しかし、観客もテレビの視聴者も、次の展開を予想できた。「勝負は、しません!」。朝日放送(大阪)で実況を担当した植草貞夫アナウンサーが繰り返した。「本当は、1回くらい勝負したかったんじゃないかな。でも、余計なことは言わなかった」と植草さん。怒ったスタンドの観客がメガホンやゴミを投げ入れる。球場はパニック状態となり、試合は一時中断した。

「あの中断で、僕らは冷静さを取り戻せた」。明徳義塾の捕手・青木貞敏さんが言うように、河野さんは最後の打者をサードゴロに打ち取って、明徳義塾は勝った。

もともと外野手だった河野さんは、度胸とコントロールの良さを買われて甲子園で投げた。試合後のインタビューでは事前の打ち合わせ通り、「監督の指示でやりました」と繰り返した。

「馬淵さんはその辺がカッコいい。全部、自分で責任を取りましたから」

だが、「世間」は容赦なかった。明徳義塾が宿泊していた兵庫県西宮市の旅館「志ぐれ」(現在は廃業)では、「なんで、勝負せえへんねん」という電話が鳴り続けた。宿の主人だった阪下義則さんは、「中には『爆破するぞ』という脅迫もあって、電話の回線を切った。郵便物も、激励以外は学校側に言った上で処分した」と明かす。

河野さんは3回戦の広島工業戦でも投げたが、チームは思うようなプレーができず0―8で完敗。明徳義塾の夏は終わった。馬淵監督は「お前ら、ようやった」と泣いた。

5打席で一度もバットを振れなかった松井選手は、その年のドラフト会議で4球団から1位指名を受け、抽選の結果、巨人に入団した。その後の大活躍は誰もが知る通りだ。

一方の河野さんは、「大学では外野手として打ちまくってやる。そして、松井と同じ舞台に立つ」と心に決めて、専修大に進学。強豪ひしめく東都大学野球リーグの1部と2部で通算111安打を放ち、21本塁打の結果を残した。

ドラフト会議で

「あの5敬遠の河野」がプロ入りを果たすかどうか――。4年後のドラフト会議では、多くの報道陣が集まった。河野さんには自信があった。だが最後まで、自分の名前は呼ばれなかった。

「自分は5敬遠の河野じゃない、打者の河野なんだ!」。その一心で必死にやってきたのに、認めてもらえない。

「甲子園の夢は見ないのに、ドラフトは何度も夢に出てくる。夢ではプロに指名されるんです。『やった！』と喜んで、朝起きて絶望する。その繰り返しでした」

このまま野球をやめることなど絶対にできない。社会人野球のヤマハに進み、２年ほどしてプロテストを受けた。しかし、ここでもプロから声がかからない。

ついには米国に渡り、独立リーグからメジャーを狙うことにした。練習では「自分は米国の選手より飛ばせる」という感触も得た。だが肩を痛め、帰国を余儀なくされた。

古巣の専修大でコーチをしながら考え続けた。自分はここで終わるのか？

「バカなのかもしれないけど、やりきった感じがしない。プロでやってクビにされたら、自分の実力だと納得できる。でもプロにいかないままでは、野球でのピリオドが打てなかった」

29歳で再び渡米。この頃、松井選手は大リーグのニューヨーク・ヤンキースで４番を打っていた。

河野さんは日本人で結成した米独立リーグ「サムライ・ベアーズ」などでプレー。メジャーには全く手が届かなかったが、野球漬けの日々は充実していた。

30歳を少し過ぎて帰国。その後も、クラブチーム「千葉熱血ＭＡＫＩＮＧ」で監督兼選手になった。背番号は松井選手と同じ「55」。その松井選手は38歳で現役を引退した。河野さんは41歳まで続けた。プロで活躍はできなかったが、松井選手より少しだけ長く選手生活を送れたことが、誇りと言えば誇りだ。

「あの夏がなかったら、その後、野球をやっていなかったかもしれない。怖いですね、甲子園というのは」

「2人とも勝者」

「5敬遠」から28年。今はヤンキースのGM特別アドバイザーを務める松井秀喜さんは「甲子園ですべて敬遠なんて、後にも先にもないこと。『5敬遠されるのもうなずけるバッターだ』と言ってもらえる選手にならなければ、というのが自分の頑張るエネルギーになった」と振り返る。

この間、河野さんと松井さんはテレビの企画で2回ほど会った。松井さんは、こうも思う。

「お互いが、あの出来事を人生の中でプラスにできた。つまり、どっちも勝者だと思うんですよね」

松井さんと写真に収まった長男の球人君〈河野さん提供〉

昨秋、河野さんは帝京平成大の硬式野球部監督に就いた。ひたむきに野球を続ける河野さんに、馬淵監督は「あの甲子園で私は選手たちに嫌な思いをさせた。それでも、勝ったからこそ分かることもある。河野には、『信念を貫け』と言いたい」。馬淵監督率いる明徳義塾は「5敬遠」から10年後の2002年夏、悲願の全国制覇を遂げた。

河野さんの今の目標は、大学選手権で日本一になることだ。いつか、高校野球の監督もやってみたい。

「あの日、スタンドからは『帰ってくるな』と言われたけど、監督として甲子園に立ってみたい。勝ちにこだわって、一生懸命やる選手を育てたい」

そして、余裕の笑顔で言うのだった。

「僕には5敬遠を指示する度胸はないですけどね」

（2020年12月27日掲載／大井雅之）

10　この野郎、ぶっ殺すぞ――「大罪」を認めた検事〈2001〉

佐賀地裁の法廷で

検事というのは犯罪を捜査するだけでなく、裁判所に足を運んで被告の有罪を立証する仕事もある。そういう意味では、佐賀地検の検事だった市川寛さんにとって、法廷は通い慣れた場所だった。

だが2002年の秋、佐賀地裁の法廷の景色はそれまでと全く違って見えた。不正を追及してきた自分が、裁判官の正面に立たされて捜査の不当さを問われている。自分が取り調べた被告は「暴言を受けて自白を強要された」と訴えていた。

ウソを言えばよかったのかもしれない。同僚検事からも「暴言を認めたら辞めさせられますよ」と忠告された。ただ、検事ならウソはつくなよ、と自分に言う自分がいた。

「『この野郎、ぶっ殺すぞ』と言いました」

前年の3月に自分が取調室で口にした言葉を再現した。その瞬間、法廷全体がどよめいたのを感じた。地裁は自白調書の証拠不採用を決定し、その後、被告は無罪となった。

その事件（佐賀市農協背任事件）が世間の目に見える形で動き出したのは、2000年11月だった。佐賀地方検察庁は、佐賀市農協の役員らが不正な融資に関わったという疑いで、関係先の捜索に踏み切った。検察の独自捜査だった。

この年の春、当時35歳だった市川さんは、横浜地検川崎支部から、佐賀地検の「三席検事」に赴任していた。検事正、次席検事に次ぐ地検のナンバー3。検事になって8年目で、「証拠がそろわない時は無理に起訴せず、不起訴にする」ことの大切さと難しさを実感しつつある頃だった。三席のポジションは荷が重いような、でも期待に応えたいような、何とも言えない心持ちだった。

佐賀地検時代の市川さん
〈市川さん提供〉

農協の捜査についてはほとんど知らされていなかった。だが捜索前日に突然、「主任は三席」と

上司から指名され、担当することになった。慌てて押収資料を読み込もうとしたが、上司は「こっちでやっておくから」と言うばかり。さらに市川さんにとって衝撃が大きかったのは、年が明けた01年2月、県外研修に参加している間に、地検が農協の元金融部長らを逮捕したことだった。

「まさか、主任である自分の不在時に逮捕するとは……」。まだ事件の全容をつかめていない。市川さんは膝から崩れ落ちそうな感覚に陥った。それでも、三席の自分が事件をつぶすわけにはいかない。研修から戻った後の会議では、「組合長は私が必ず割ってみせます」と言うしかなかった。

検察用語で「割る」とは、容疑者に自白させること。01年3月、地検は農協の組合長だった副島勘三さんを背任容疑で逮捕した。副島さんは1996年8月に当時の金融部長や支所長らと共謀し、約6000万円の価値しかない組合員の土地・建物を過大に評価して1億8000万円を貸し付け、農協に損害を与えたとして起訴された。

誰の味方でもない魅力

市川さんが法曹を目指したのは、大学受験がきっかけだった。小さい頃から勉強が得意だったのに、受験では1浪の末、第1志望の大学に入れなかった。「自分はもっとやれるはず」と司法試験サークルに入り、1990年、4度目の挑戦で同試験に合格した。93年に検事となり、横浜や徳島、大阪で経験を重ねた。被害者と加害者の両方に話を聞いて判断する検事は「誰の味方でもない」ところが魅力的だった。時には加害者の立場になって動機解明に臨み、悩みながら求刑を決める仕事の奥深さにのめり込んだ。

一方で、罰金や起訴猶予を選択することで早期の社会復帰につなげ、更生を促す意義も感じていた。「証拠の少ない難しい事件を起訴してこそ、という空気が強かった検察で、不起訴を厭《いと》わない自分は異色だったかもしれない」と振り返る。

赴任先には「佐賀地検」を希望した。親の仕事の都合で2歳から中学2年まで過ごした佐賀は、学校で落語を披露して笑いを誘い、「またやって」と言われた楽しい思い出のある場所。2000年、佐賀への赴任が決まると、「ふるさとに帰れる」と喜んだ。

逮捕された農協の組合長、副島さんは、市川さんの取り調べに対し、「一切関わっていません」「不正融資だとは知りませんでした」と容疑を否認した。

「上司からとにかく割れと言われていた。不起訴が許される空気はなかった」。市川さんは焦っていた。

勾留期限が迫った01年3月のある日。組合長として「トップの責任」を認めていた副島さんにその意味を尋ねると、「組合員に迷惑をかけたことです」「ほかに何があるっていうんですか」ときっぱり言われた。

その口調に腹が立ち、気づけば、市川さんはどなっていた。

「ふざけんなこの野郎！　ぶっ殺すぞ、お前！」

数日後、副島さんは罪を自白する内容の供述調書に署名してくれた。しかしそれは暴言のせいであり、真意でないと、市川さんは分かっていた。

自白強要の疑い

副島さんは背任罪で起訴されたが、公判では、関係者の証言が揺らぎ、検察側の主張の矛盾が浮かび上がった。

「上司も異動し、自分ひとり、どんどん追い詰められた」。市川さんは自律神経失調症と診断され、01年秋に横浜地検小田原支部に異動となった。

副島さんの弁護を担当した日野和也弁護士は元検事だ。副島さんから「検事が机をたたいて暴言を吐く。取り調べがつらい」と訴えられた当初、「検事がそんなことはしないだろう」と半信半疑だった。

だが、同時期に取り調べを受けていた別の容疑者が、別室から漏れ聞こえた副島さんの取り調べの様子について「罵声を浴びせられていた」と話したと知る。日野弁護士は自白強要の疑いを持った。

そして翌02年の秋。証人出廷した市川さんは、「ぶっ殺すぞ」などの暴言を吐いたことを、ためらいなく認めた。市川さんの証言の様子を今も鮮やかに覚えているという日野弁護士は「検事が自ら調書を否定するような証言をするとは思わなかった。検察の良識を体現してくれた」と話す。

結局、地裁は副島さんの自白調書を「任意性に疑いがある」として証拠採用しないと決め、04年1月、副島さんに無罪判決を言い渡した。控訴審で無罪が確定した後の05年12月。市川さんは検事をやめた。

「上司から暴言を吐けと指示されてはいない。あれは100%自分の責任だった」

当時の金融部長と支所長はいずれも背任罪で起訴され、支所長は、1審は背任ほう助罪で執行猶予付きの有罪判決を受けたが、2審では逆転無罪の判決を言い渡された。金融部長は背任罪で1審判決（懲役1年6月、執行猶予3年）が確定した。

2年後、市川さんは弁護士登録が認められた。「元暴言検事」であると目立たぬよう、東京都内でひっそりと刑事弁護を手がけた。

副島さんが亡くなったと知ったのは、検事をやめて5年が過ぎた頃だ。２０１０年、80歳での逝去だった。テレビ局のディレクターから、家族に謝罪する気持ちはあるか、と連絡があった。

「自分は副島さんの人生を狂わせた。謝って済む問題ではない」。市川さんの心は揺れた。

副島さんの次男、健一郎さんは、市川さんを「絶対に許せない」と思っていた。健一郎さんによると、無罪判決が確定するまで、副島さんは地元で非難され続けた。まちづくり支援のコンサルタントをしていた健一郎さんにも仕事が来なくなり、工事現場でアルバイトをしながら裁判の資料集めに走り回った。

ただ、健一郎さんには「捜査の当事者に話を聞きたい」という気持ちもあった。

市川さんは考えた末に、「遺族への償いになるなら」と11年4月、副島さんの家を訪れる。副島さんの妻と健一郎さんの姿を見て、市川さんは土下座した。「なぜ起訴したのか」などと次々と質問する健一郎さんに、市川さんは「自分が弱かった」と謝罪した。

健一郎さんは言う。「市川さんを許すつもりはないが、自ら罪を認めて謝りにきてくれた。あの経験を無駄にしないでほしい。正義の心を忘れず、弁護士として、苦しんでいる人を救ってほしい」

託された「苦しむ人を救う役目」

元検事で刑事事件に詳しい市川さんには、否認事件の依頼も多い。容疑者である依頼人には「私にはウソをつかないように」と念押しして事実関係を聞き取る。検察官の狙いを把握するため、こまめに接見して依頼人の話を聞く。

取り調べでどんなに強く言われてもウソの自白はしないよう励ます。時には黙秘も勧める。「依頼人にとっては取り調べでの受け答えが一生を左右する」ことを身をもって知る立場だからこそ、できる弁護を心がけている。

所属する弁護士事務所の所長、杉山博亮弁護士は「人間としてぎりぎりの所で踏みと

刑事専門の弁護士として活動する市川さん、東京地裁前で

どまり、暴言を吐いたと法廷で認めた。検察組織の構造的な課題をよく知る当事者として、刑事司法を変えていってほしい」と期待する。

市川さんは今、日本弁護士連合会の「再審法改正に関する特別部会」の委員を務め、講演などで検察官らが容疑者に自白を迫る心理や背景も語る。「元暴言検事が何言っているの」と言われることもあるが、「批判は自分が犯した過ちへの代償。受け入れ続けなければいけない」と思う。

特別部会長の鴨志田祐美さんは「検察官が取り調べで考えていることを赤裸々に語ってくれる。冤罪《えんざい》が生まれる背景の理解につながり、冤罪防止の活動を広げる力になっている」と話す。

副島さんを逮捕してから、まもなく20年。

「あの事件は、起訴してはいけない事件だった。でも引き返せなかった。自分にできるのはその十字架を背負って、なぜ間違えたのかを考え続け、発信すること」だと、市川さんは思っている。

（2021年1月24日掲載／石原宗明）

11　説得失敗、爆風で吹き飛んだ事件交渉人〈2003〉

両手に発煙筒、こいつ本気だ

ビルの4階で人質と立てこもった男の表情は、よく見えなかった。だが、辺りにはガソリンのにおいが充満している。男が本気であることは伝わってきた。

「なあ、ひょっとしたら爆発するかもしれんよ、こんな狭いところでガソリンまいたら」「よく考えてごらん」

2003年9月16日、名古屋市内の現場に駆けつけた愛知県警捜査1課特殊犯罪捜査室（SIT）の小西靖之さん（当時45歳）は、必死の説得を試みていた。引火すれば大惨事だ。絶対に投降させなければならない事件だった。

扉の向こうがオレンジ色に光った。中をのぞくと、仁王立ちになった男の両手には発煙筒が握られていた。

爆発後のビル周辺。多くの死傷者が出た

「火つけたのか。火がついた、火！　火！」。大声で叫んだ後、小西さんは意識を失った。ビルは真っ赤な炎を上げて、爆発した。

人質立てこもり事件

3連休明けの、よく晴れた秋の日だった。03年9月16日、午前10時すぎ。愛知県警捜査1課の刑事だった小西さんは、連休中の事件事故をまとめて上司に報告し、県警本部7階の自席で一息ついた。

すると、内線電話が鳴った。「強盗が入ったかもしれん」

現場は、名古屋市東区のビル4階にある宅配業者の名古屋支店。包丁を持った男が室内にガソリンをまき、人質と立てこもっているという。

男は同社の契約運転手だった。

「ガソリンか。まずいな」。緊迫した気持ちを抱えつつ、小西さんは現場に急行した。

愛知県は、なぜか人質立てこもり事件が多い。警察庁によると、平成以降、愛知は東京に次いで多い20件も発生している。

そんな愛知で、小西さんは犯人との交渉役を任されることが多かった。捜査1課の中でも、殺人事件などを扱う「強行班」の出身。凶悪犯と最前線で対峙《たいじ》してきた経験が買われたのかもしれない。

たとえば、1996年にファミリーレストランで起きた事件。従業員をトイレに連れ込んで立てこもった男を小西さんが説得して投降させた。2002年に喫茶店員が人質に取られた事件では、小西さんが上着を脱ぎ、Tシャツ一枚で「何も持っていないぞ」と犯人に呼びかけ、その後すかさず突入班が制圧した。

そんな功績が積み重なって、「説得といえば小西、という空気ができた」と、ある県警OBは言う。

名古屋市出身で、野球少年だった小西さんは高校卒業後、体を動かす仕事がしたいと警察官になった。「学歴に関係なく、努力次第で上にいける」のも魅力だった。

捜査1課を志望したのは、人の生死に向き合いたいと考えたからだ。かつて一緒に仕事をした岡部栄徳さんは「駆け出しの頃、仕事が終わって皆が解散した後に現場近くを通りかかると、必ず小西君がいた。彼は根っからの刑事だった」と言う。

午前10時40分。現場のビルに着いた小西さんは、扉越しに説得を始めた。

「他の者は下げさせる（後退させる）で、俺と話し合おうよ」「火を付けちゃうと、あなたも火だるまになっちゃうの」

男は出入り口にガソリン入りのポリ容器を積み上げ、警察はすぐに突入できない。わずかに開いた扉の隙間から、数メートル先で弓矢銃を構える男の姿が見えた。辺りには揮発したガソリンが充満し、静電気の火花でも引火するかもしれない。小西さんは大声で呼びかけ続けた。

男の要求通り委託料を振り込んだのに、一向に投降する気配がない。現場のすぐ下、3階に設置した捜査本部では、県警の刑事部長以下約60人の捜査員らが、無線から聞こえる小西さんの説得に望みをかけていた。

交渉を始めて2時間半がたった。午後1時すぎ、男は人質8人のうち支店長を除く7

人を解放した。あと一息。突入班と間合いを計りながら、小西さんがさらに言葉をかけようとしたその時、男はガソリンに火を付けた。

轟音《ごうおん》とともに窓ガラスが砕け散り、悲鳴が響き渡った。犯人の男と人質の支店長、そして突入に備え待機していた機動捜査隊の村瀬達哉さん（当時31歳）が命を落とした。41人が重軽傷を負い、小西さんも吹き飛ばされて意識不明のまま病院に運ばれた。

3人死亡、41人重軽傷

事件から約1週間後、小西さんは病院の集中治療室で目を覚まし、3人の死を知った。

「自分のせいで人が死んだ。もう刑事は続けられない」

殉職した村瀬さんは新婚だったという。機動捜査隊の中隊長だった市川祐輔さんは、事件の1～2か月前、村瀬さんが「将来は刑事になりたい」と話していたのを覚えている。「おとなしいけどタフさがあった。無念だ」

立てこもり事件は人質救出が至上課題であり、犯人も生きたまま確保する必要がある。事件当時、現地の捜査本部にいた捜査1課員の宇佐美孝一さんは「あの事件ではその両方ともできなかった上に、殉職者を出した。小西は命をはって7人を救出し、すごいと思う。だが県警としては、あってはならない大失敗となった」と振り返る。

職場に戻るべきか、辞めるべきか。そもそも自分は生きていていいのか。自らを責める一方で、気がつけば、ビル爆発時の恐怖を克服しようと、映画の爆発シーンを病室で繰り返し見ている自分もいて、小西さんの心の整理はつかなかった。


この頃、県警内部では小西さんへの批判の声が上がっていた。自分が関わった容疑者を「俺のタマ」と呼び、捜査を主導しようとする小西さんの手法を巡っては、以前から「ワンマン」と見る向きがあった。

ただ、小西さんからすれば、「犯人逮捕、人質救出に最善を尽くすためには、上司だろうが誰だろうが、間違っていると思えば意見する。『仲良しこよし』で事件は解決できない」という信念に揺らぎはない。事件後、捜査1課の内部には溝ができつつあった。

事件後にSIT室長に就いた戸鹿島政晴さんは「いくら優秀でも、独りよがりと捉えられればチームにはなれない」とみた。事件の後遺症も考慮され、小西さんは警察学校へ異動となった。

一方で戸鹿島さんは、立てこもりや誘拐などの特殊事件に対応するには、訓練を積んだ専門部隊が必要だと強く感じていた。当時のSITの突入部隊は、ふだんは捜査1課員として医療過誤や殺人などの捜査をしながら緊急時に招集される、「付け焼き刃」のようなところがあった。

そうして05年4月、SITの中に、6人態勢の「突入制圧専従部隊」(通称・Aチーム)が発足。身体能力が高いメンバーを集め、突入シミュレーションの訓練を重ねた。

それでも2年後の07年、愛知県長久手町(現・長久手市)で起きた拳銃立てこもり事件では、再び殉職者を出してしまった。08年、県警はチームを13人に増強し、さらに実践を重ねた。

この間、小西さんは自らの歩みを振り返ってみた。

以前は自分が事件を引っ張っている感覚だった。人の言うこともあまり聞かなかった。でも療養中、同僚たちが文句も言わずに事件処理や部下の指導にあたってくれたと知り、「みんなで事件をやっとる、自分一人だけの力じゃ解決できないと再認識した」。

もう一度、現場に戻り、人を死なせない捜査指揮を執りたい。事件から5年がたった08年春。小西さんは、一宮署の刑事課長として捜査の世界に戻った。

現場部隊に「焦るなよ」

それから4年後の12年11月。愛知県豊川市の信用金庫に、サバイバルナイフを持った男が人質5人をとって立てこもった。捜査1課の次長となっていた小西さんは、県警本部で、警察庁と現地指揮本部の連絡役を担った。

男は人質解放に応じず、膠着《こうちゃく》状態が続く。小西さんは現場の部隊に「焦るなよ」と助言を続けた。事件発生から約13時間後の深夜、説得にあたっていたSITの隊員がカーテンの隙間から椅子でうたた寝している男を確認。5秒のカウントダウンの後、Aチームが突入し、一瞬にして人質救出、犯人確保に成功した。

小西さん愛用の腕時計。唯一、衝撃に耐えて手元に戻った

後に捜査1課長になった小西さんは18年秋、県警を定年退職した。途切れ途切れの記憶をたどると、あの爆発の瞬間、覚えていることがある。

遠のく意識の中で死を覚悟しながら、自分は2人の息子の名前を呼んだ。「被害者の方も色々な思いがあったに違いない。『申し訳ない』では表せない気持ちがある」

あの時、犯人にどんな言葉をかければ投降させられたのだろう。小西さんは今も考え続けている。

（2021年2月21日掲載／藤井有紗）

12 「私は誰？」戦後日本に取り残された「碧眼」の６歳〈１９５６〉

終戦から10年余りが過ぎた１９５０年代後半。その６歳の女の子は、世間から大きな注目を集めた。「碧眼《へきがん》の戦争孤児」「愛情か法律か」――。数奇な境遇をめぐって、週刊誌にはそんな記事も載った。

「マリアンヌちゃん裁判」

スウェーデン人の母と米国人の父を持ち、日本人の養父母に横浜で育てられたマリアンヌ・ウィルソン黒田さん。母の出身国・スウェーデンが「引き渡し」を求める訴訟を起こしたことで、当時、「マリアンヌちゃん裁判」と呼ばれて話題となった。読売新聞もその経過を細かく報じている。

裁判を経て、本人は長らく一つの問いに悩まされる。「私は、誰？」

問い続け、答えを探し続けたマリアンヌさんは今、71歳になった。日本に根を張って、生きている。

マリアンヌさんの実の父は米国人で、米軍の軍属として東京で働いていたようだ。母は明治期から日本で暮らすスウェーデン人一家の娘で、米軍向けの売店で働いていた。

2人は恋に落ち、横浜に住み、やがて母はマリアンヌさんを身ごもる。終戦からまだ数年しか経《た》っていない頃のことだ。

しかし、父はマリアンヌさんが生まれる前に米国に帰った。母は日本で出産したものの、わずか1年余りで結核で亡くなってしまう。

その後、母の父、つまりマリアンヌさんにとっての祖父たちは、スウェーデンに帰ることになった。彼らは思った。「米国にいる父親がきっと戻ってくるはず。マリアンヌは日本に残そう」と。

そうして、1歳になったばかりのマリアンヌさんは、母と親しく、海外での滞在経験もあった「山口フミさん」という女性に預けられた。もちろん、そんな経緯を本人は知らない。ただ、養母となったフミさんとその夫がたくさんの愛情を注いで育ててくれたことは、成長するにつれて記憶に刻まれている。

雨漏りのする長屋暮らしだったが、家の外の七輪で炊いたご飯をぬか漬けと食べるのが大好きな子供だった。

当時、通っていたのは歴史学者・石野瑛《あきら》が横浜に設立した武相学園の小学校。孫の石野雅子さんによると、「国籍で差別するのはおかしい」と、中華街出身の子供たちも積極的に受け入れていたという。マリアンヌさんはいじめられることもなく、楽しく過ごしていた。

日本の小学校に通い、友達と過ごすマリアンヌさん

「折れそうなくらい細かったのに、防空壕《ごう》跡に入って一緒に探検ごっこをしたり、山を駆けずり回ったり。とにかくわんぱくでした」。幼稚園と小学校の同級生だった古沢洋子さんは懐かしむ。

日本人の養父母のもとで、日本の暮らしになじんだ日々。自分に日本の国籍がなく、スウェーデン人とみなされることになるなど、幼いマリアンヌさんは知る由もなかった。

スウェーデン政府が訴訟

「マリアンヌちゃん裁判」の見出しが読売新聞に載ったのは、1956年3月。母の出身国・スウェーデンが同国の法律に基づいて引き渡しを求める訴訟を起こし、「国際孤児」となっていた6歳の少女・マリアンヌさんの存在に世間が気づいた。

「家や学校に大勢のマスコミが来たのは覚えています」。マリアンヌさんは振り返る。

同年の1審・横浜地裁判決は、スウェーデンへの引き渡しを命じた。

「欧米人の血を受けて、一見して東洋人と識別される容ぼうを持つ少女にとっては、早くからスウェーデン市民の生活の中で、同国の言語、教養、習俗を身につけながら成長することが将来の幸福のために最も望ましい」――。養父母は控訴したが、58年の2審判決でも、結論は変わらなかった。

ただ、日本語しか話せない少女をいきなりスウェーデンに送るわけにもいかない。マリアンヌさんは当面、日本にとどまり、横浜市内のインターナショナルスクールで語学を、大使館関係者の家でスウェーデンの生活様式を身につけることになった。

「メリエン」と英語風の愛称で親しまれていた名前は、裁判を機にスウェーデン読みの「マリアンヌ」に変わった。

「もう一つの人格ができたみたいでした。知らない人に囲まれるのも、フミさんのもとから離れるように言われたのも、みんな『マリアンヌ』のせい。『マリアンヌ』を恨んでいました」

20歳の時、マリアンヌさんはスウェーデンに渡り、大学に進学した。

養母が流した涙

一度はスウェーデンで就職したマリアンヌさんだったが、25歳の時に日本に戻ってきた。養母のフミさんが体調を崩したためだ。

亡くなる直前、フミさんは、実母のヴィヴィアンさん宛てに実父のジェームスさんから送られた手紙を焼いてしまったと詫《わ》びた。フミさんはマリアンヌさんが自分の元から離れていくのを恐れたようだ。

「あなたのお父さんからあなたを奪ってしまい、申し訳ない」。フミさんは涙ながらに語ったという。

フミさんの最期を見届けた後、マリアンヌさんは日本でホテルの仕事に就いた。そこで現在の夫、黒田芳男さんに出会う。芳男さんからプロポーズされた時、思わず言った。

「どこの馬の骨とも知れないのに、いいの？」

結婚して長男を授かり、幸せな暮らしを得た。それでもマリアンヌさんの心にはいつも、「私は一体、何者か」という思いが消えないでいた。

そんなマリアンヌさんのもとに1990年、一筋の光が差し込む。実母のヴィヴィアンさんが眠る外国人墓地に、ヴィヴィアンさんの妹たちが、はるばるスウェーデンから訪れたのだ。お墓に花が手向けられているのを見た叔母たちは、「マリアンヌは米国にいると思ったのに、日本にいるの？」と驚く。マリアンヌさんが墓地の管理人に託していた名刺から、墓前で落ち合うことができた。

その場にいたマリアンヌさんの長男・黒田守さんは「子供ながらに、母は本当にうれしそうだと思った」。この出会いで、実は母方の祖父の母が日本人だったと分かった。自らのルーツ探しに乗り出したマリアンヌさんは、さらに母方の祖母の母も日本人だと突き止める。曾祖母・ヤスさんは、芸者見習いとして移り住んだ神戸で、プロイセン人の曾祖父と出会ったという。愛媛県の寺でヤスさんの先祖に関する記録を見つけ、実感した。

「私には、本当に日本の血が入っているのね！」

米国にいた異母弟

父も見つけられるかもしれない――。赤十字社などに父の調査を依頼したところ、2004年、米国の地方紙に掲載された父の死亡広告が見つかった。亡くなったのは03年。一足遅かった。でも、その広告を出したのが、父が米国で再婚した女性との間にできた異母弟であると分かった。

異母弟のスティーブさんによると、米国での父は、クリスマスプレゼントも子供部屋も、なぜか1人分多く用意していた。「日本に残した姉さんのことを、いつも気にかけていたんだと思う」と、スティーブさんは言ってくれた。

その後、父がマリアンヌさんの出自を記して米国の上院議員に国籍承認を訴えた手紙も見つかった。父は妻子とともに米国に住もうと考え、単身、米国に帰って議会に掛け合っていたのだった。

父のことを「家族を捨ててアメリカに逃げ帰った」と言う人もいたが、父は自分たちのことをずっと思っていてくれた。スティーブさんや現地の法律に詳しい大学教授らの力も借りて、マリアンヌさんは16年、67歳の時に米国籍を取得した。父の思いを遂げられた気がした。

マリアンヌさんは今、英会話講師の仕事をしながら、東京都葛飾区の外国人生活相談員を務めている。「日本語が話せて、区内で活発に動いている外国人がいる」と目に留まり、1993年に区からスカウトされた。現在も年60件ほどの相談に乗る。フィリピンや米国、ネパール……。相談者の国籍は様々だ。

相談の内容は、ゴミの出し方など日々の暮らしの困りごとから、子供の国籍や離婚問題など複雑な話も。「外国人が日本で直面する困難に敏感。波乱万丈の人生だっただけに、相手の痛みが分かるし、自分の経験からアドバイスできる」。長年交流がある元同区職員の鴻巣幹子さんは太鼓判を押す。

寄せられた相談に、まずは親身に耳を傾ける。その上で、マリアンヌさんは時に、日本語や日本の文化を勉強するよう相手に言うこともある。「日本に腰を据える気があるなら、少しでもハッピーな生き方をしてほしい」と思うからだ。

自宅で夫・芳男さんとティータイムを過ごすマリアンヌさん

「でも、あなたは白人でしょ。だからそこに座っているんでしょ」と言われることもある。そんな時、マリアンヌさんはこう答える。

「私は横浜の長屋暮らしで、外でご飯を炊いていたのよ。そんな私がこれまで日本で生きてこられたのだから、あなたにもできるはず。私も先が長くはないから、あなたがここに座れるようになったら、後を継いでね」

スウェーデンと米国の国籍に加え、日本の永住権も持つマリアンヌさん。あえて今、「あなたは、何人（なにじん）ですか？」と尋ねてみた。

「私は私。あえて言うなら、人間よ。私が探していた答えは、実はすっごく簡単なことだったと、今はわかる」。朗らかに笑った。

（２０２１年4月11日掲載／田辺里咲）

13　多摩川の珍客「タマちゃん」を「見守る会」〈2002〉

多摩川に野生アザラシ

今から20年近くも前、首都圏の川に1頭のアザラシが出現したというだけで、日本中が沸いた。東京と神奈川の間を流れる多摩川に現れたから「タマちゃん」。２００２年8月のことだ。

〈都会に野生のアザラシ〉というミスマッチは、平和な日常で格好の話題となった。横浜市に住む相沢亮治さんも、この癒やし系の珍客に心惹《ひ》かれた一人。だが、単に見物していたわけではない。水に潜った時間、ひげの本数……。ストップウォッチと鉛筆を握りしめ、専門家も舌を巻く熱量で、一挙一動を正確に記録し続けた。

タマちゃんが人々の前に姿を見せたのは、1年8か月ほど。いなくなって、もう随分たつ。それでも、相沢さんは今も「見守る会」を解散せず、会長としてタマちゃんを思っている。

たった1頭で迷い込んできた野生のアザラシは、相沢さんにとって、有り余る時間と好奇心を注ぎ込むのに十分な存在だった。

オスのアゴヒゲアザラシ「タマちゃん」が多摩川に初めて姿を見せた02年の夏、相沢さんは、大学を出てから勤めてきた自動車メーカーの研究職を、60歳で定年退職したばかり。人間工学を追究してきた相沢さんは、「次に没頭できる何か」を探していた。

忘れもしない、同年8月7日。昼のテレビニュースで「多摩川にアザラシ」と報じられた。気づけば翌8日、横浜市の自宅から自転車にまたがり、現場に向かっていた。2時間かけて東京と神奈川の境にかかる丸子橋にたどり着くと、尾びれをピンと立て、集まった見物人に向けてポーズを取るアザラシが、確かにいた。テレビで見るよりも、ずっと小さかった。

見た目の愛らしさだけではない。寝転がる、あくびをする、橋脚下のコンクリート台によじ登る——。水族館で見るのとは違う、都会の真ん中で現実に生息している野生のアザラシ。

タマちゃんを一目見ようと多摩川に詰めかけた人たち

「かわいさ3割、観察したい気持ちが7割、という感じでしょうか」

その日から、相沢さんの「タマちゃん通い」が始まった。

河川敷で出現を待つ間、誰からともなく会話が始まり、02年11月、「タマちゃんを見守る会」ができた。メンバーの顔ぶれは、相沢さんのほか主婦や会社員、カメラ愛好家ら。会費も会則もなく、タマちゃん好きなら誰でも入れるが、驚かせず、静かに観察することがモットーの会だった。

根気よく見守り続けたことで、専門家や公的機関も把握していなかった様々なことが分かった。

多摩川で見つかったから「タマちゃん」と呼ばれていたものの、実際に多摩川にいたのは、02年8月7～17日のわずか11日間。見守る会の調べでは、少なくとも七つの川をあちこちと移動した。

北極海やベーリング海などに生息するアゴヒゲアザラシは一般的に、春に流氷の上で生まれる。北海道のオホーツク海沿岸で見られることもまれにあるが、本州まで南下してくるのは極めてまれだという。

何かの間違いで首都圏に現れたタマちゃん。口を大きく開けた隙に数えると、歯の数は上下に16本ずつ、計32本。特徴的なアゴヒゲは、300本もあることが分かった。

荒川でウナギを捕まえて食べる様子も何度もとらえ、会のメンバーたちは「激太り」の理由だと推測した。相沢さんは見たことを全て紙に書き込み、仲間が撮影した写真や動画も踏まえてこつこつとデータを集めた。

徹底した現場主義は、研究者時代に培った身上だ。計算に基づいて車のブレーキペダルの位置を設計しても、実際に踏むと予想とは異なる結果が出ることもある。

「先入観を持たず、現場で現物をみて、冷静に判断する。それを、タマちゃん観察でも実践しました」

「住民登録しよう」

いくつかの川を渡り歩いた後に、タマちゃんが02年9月から半年ほど棲《す》み着いたのは、横浜市西区を流れる帷子川《かたびらがわ》だった。

「ここまで長くいるんだから、もう住民よね」

区民からこう言われた当時の西区長、君塚道之助さんは妙案を思いついた。「タマちゃんを住民登録しよう」

みなとみらいなどの大都会の街並みと、昔ながらの住宅街が混在する西区は、「住民同士の交流が少ない街だ」と君塚さんは思っていた。それが、タマちゃんの登場によって街に一体感が出たような気がしていた。

03年2月、「ニシ　タマオ」の氏名で、帷子川護岸を住所として「登録」した。タマちゃんの住民票は希望すれば誰でも受け取れた。

その年度末。君塚さんは定年を迎え、区役所を去った。「振り返ると一時のフィーバーなんだけど、みんな笑顔で楽しかったよね」

一方、和光大教授の堂前雅史さんは、世間のフィーバーの背景にあった「思い込み」への違和感を覚えている。

動物学を専門とする堂前さんは、タマちゃんが横浜市の鶴見川に現れる数日前、学生たちと自然保護活動に参加した。鶴見川ではボラやハゼが捕れた。「都市河川としてはきれいな川で、野生動物のエサとなる生物も多様だ」と感じていた。

それが、タマちゃんの登場で「都会の汚い川に迷い込んだかわいそうな動物がいる」という物語になっていることに驚いたという。

都市部にも自然はあるし、野生のアザラシにとって意外と居心地が良かったのかもしれないのに。「人間と動物では見える世界が違う。人間はもっと謙虚にならないといけない」と、堂前さんは思う。

アザラシやアシカといった「鰭脚類《ききゃく》」の専門家で、千葉県鴨川市の水族館「鴨川シーワールド」で飼育を担当していた荒井一利さんは当時、タマちゃんを保護すべきかどうか、報道機関などからしばしば意見を求められた。

テレビ映像などでじっくり観察し、やせ細っているわけではなく、泳ぎも活発だったことから、「体調に問題はない」と判断。野生のまま見守ることをすすめた。「自力で故郷に帰れる可能性がある以上、人為的に手を下すべきではない」と考えたという。

だが、鴨川シーワールドではその後、県内の海に迷い込んだ瀕死《ひんし》状態のトドは保護した。「サチ」と名付けて飼育し、3年ほど生きながらえたが、荒井さんは葛藤に直面することになる。「水族館の中で生きたサチは、幸せだったか」と。

同時にタマちゃんのことを思い浮かべる。「生きるとは何か、幸せとは何かを考えさせられた。私の人生で大きな出来事といえます」

手を伸ばせば……

タマちゃんは04年4月12日に荒川で目撃されたのを最後に、姿を見せなくなった。

荒川では、埼玉県和光市の本橋三男さんが係留していたボート「グレイスⅢ号」を特に気に入っていたようだ。タマちゃんが荒川にいた約1年間、本橋さんはボートでの読書やギター、東京湾までのクルーズを諦めた。「タマちゃんに貸しました」

見物人であふれた昼間を避け、本橋さんがこっそり見に行ったのは、辺りが暗くなってから。桟橋から水面をのぞき込むと、手を伸ばせば頭をなでられる距離にタマちゃんがいた。ジャンプするように浮き上がり、大きな目で見つめてきた。

だが、手を触れることはできなかった。自然への畏敬の念、だろうか。「野生の生き物。やはり、触ってはいけないような気がした」

タマちゃんが姿を消す少し前、本橋さんのもとにタマちゃんが近づいてきた。「後で考えると、お別れを言いに来たんだろうな」。見守る会の藤田智明さんのカメラが、その瞬間をとらえていた。

姿消し17年「今どこに」

見守る会によると、多摩川に現れてから荒川で姿を消すまでの1年8か月（615日）で姿を確認できたのは307日。「専門家はいないのに、学者に負けないほどきめ細かい観察だった。記録に愛情がこもっていた」。会の写真展をたまたま訪れて以来、その地道な活動と熱意に注目していた江の島水族館の元館長、広崎芳次さんは言う。

広崎さんの推薦で、会のメンバーたちは04年2月、北海道紋別市で開かれた国際シンポジウムで観察成果を発表した。ほとんどデータがなかった都会で暮らすアゴヒゲアザラシの生態記録は大きな反響を呼び、後に記録集も出版された。

帷子川で、タマちゃんの写真を手に
思い出を語る相沢さん

タマちゃんがいなくなった後も、会は静かに活動を続けている。会員登録は約２００人だが、会合で集まるのは10人ほど。

アゴヒゲアザラシは平均で約30年、生きるといわれており、「タマちゃんが戻ってきた時のために、観察眼は磨いておきたい」と、野鳥観察などにも精を出してきた。

相沢さんは、18年10月から会長を務めている。定年まで仕事一筋だった相沢さんにとって、タマちゃんは知識欲を刺激し、新たな世界を開いてくれた。タマちゃんがくれた出会いを大事にしたいから、「会を解散しようと思ったことはありません」。

たった1頭で突然現れ、未知の世界で1年以上も生き抜いたアゴヒゲアザラシを、相沢さんは「冒険家」だと表現する。

「今はどこかで、壮年期を迎えていることでしょう」。遠い北極圏の海を思った。
（2021年5月9日掲載／林理恵）

14　7度目の逮捕、マラソン女王の「秘密」〈2018〉

7度目の逮捕

「ちょっとあなた」

2018年2月9日午後9時過ぎ。群馬県太田市のスーパーで、元マラソン日本代表の原裕美子さん（当時36歳）は女性警備員に呼び止められて我に返った。ジャンパーの中に隠し持っていたのは、キャンディー1袋とクッキー2袋の計3点、総額382円。万引きでの逮捕は、これが7度目だった。「また、家族に迷惑をかけてしまう。死んでわびたい」。留置場では泣きながら両手で首を絞めた。舌もかみ切ろうとした。でも、死ぬことはできなかった。

「現役時代はケガに苦しめられたのに、なぜこんな時に丈夫なんだ」

過去の栄光と、それと引き換えに蝕《むしば》まれていった心と体。何もかもうまくいかない人生に、原さんはぼうぜんと立ちすくんでいた。

幼い頃から走るのが得意だった原さんは、小学６年の時、地元中学の陸上部指導者の目に留まり、中学生に交じって練習を積んだ。実はこの頃、さしたる理由が思い当たらないまま、学校では仲間はずれにされていた。

憂鬱《ゆううつ》な日々を振り払うように走り込んだ。すると、校内マラソンではダントツの優勝。「原さん、すごい」。周囲の目が変わった。

「もっと褒められたい。もっと速く走りたい」。中高とも陸上にのめり込み、高校卒業後は、実業団チームの「京セラ」に入部した。毎朝５時に起床し、13キロのジョギングをこなす。日中は午後２時頃まで工場で働き、その後は午後６時まで走り続けた。

練習の苦しさは、中高時代の比ではなかった。だが、負荷をかけられた自分は、確実に強くなっていた。

初のマラソンレースとなる05年３月の名古屋国際女子マラソンで、並み居る強豪を抑えて２時間24分19秒の好記録で優勝。同年８月の世界選手権ヘルシンキ大会では、日本人最高位の６位に入った。

「これまで目立った活躍のなかった自分が、世界の舞台で走れるなんて」。喜びをかみしめた。

07年の大阪国際女子マラソンも制し、日本のトップランナーとして、「原裕美子」の名は知れ渡った。

その栄光は、過酷な練習と、ある「秘密」に裏打ちされていた。心と体をコントロールして、強く、速く走り続けるための秘密――。

お前だけ体重が落ちない

「とにかくつらかったのが、食事制限でした」

入社直後は身長1メートル63、体重49キロ。実業団ではそこから、5キロの減量を命じられた。「お前だけ体重が落ちないのはなぜだ」。毎日のように叱咤《しった》された。

父の芳男さんは、当時、たまに帰省した娘が大好物の鶏のから揚げの衣を外して食べていた姿を忘れられない。「本当に身を削って、走ることにささげていた」

追い詰められ、走ることが嫌いになりかけた時、原さんが編み出したのが、おなかいっぱい食べては、体を折り曲げて吐き出す「食べ吐き」だった。嘔吐《おうと》には何の苦痛も伴

名古屋国際女子マラソンで優勝し、鮮烈なデビューを果たした

わない。「いくら食べても太らない！」。絶好の減量法だと思えた。

限界まで走り込み、北京五輪（08年夏）の出場に手が届くところまできた07年冬。

全日本実業団対抗女子駅伝に向けた合宿中、他の選手が冷蔵庫に入れていたヨーグルトを、原さんは勝手に食べてしまった。「どうしても食べたかった」

監督に問われ、すぐ謝ったが、駅伝は欠場。その後の大会でも成績はふるわず、五輪切符は、指の間からすり抜けていった。

人生は、さらに良くない方に転がっていく。

北京五輪出場を逃した後、別の実業団に身を置くなどして再起を図ったが、ケガに悩まされ、結果を出し続けることができない。元コーチにお金をだまし取られ、結婚を約束した男性とは、式まで挙げた後に破局した。

「誰にも必要とされていない」。孤独が募り、ストレスを抱えるたび、食べ吐きの欲求が膨らんだ。おなかいっぱい食べると、その間は、嫌なことを忘れられた。

そして、原さんはいつしか「万引き」に手を染める。

最初に逮捕されたのは、ヨーグルトの盗難騒ぎから4年余りが過ぎた12年夏。心身をコントロールする手段だったはずの食べ吐きは、次第に制御不能となった。嘔吐の際の胃液で歯が溶け、差し歯を除いた「自分の歯」は、下の前歯5本だけになっていた。

治療すれば、必ず治る

「あなたの病名は『摂食障害』と『窃盗症』です。しっかり治療すれば、必ず治りますよ」

17年秋、下総精神医療センター（千葉市）の平井愼二医師から言われた原さんは驚いた。窃盗症（クレプトマニア）とは、衝動的に窃盗を繰り返す精神疾患のこと。

「え？　私は病気なの？」

この直前、万引きでの6回目の逮捕が、大きく報道されたばかりだった。

平井医師によると、人間には「防御」や「生殖」と並んで、「摂食」の本能がある。原さんの場合、過酷な減量で体が飢餓状態に陥り、摂食本能が刺激されて、自然界では摂食前に行われる狩猟や採集をつかさどる神経活動が活発に。その結果、自分の思考とは裏腹に、反射的に食べ物を盗んでしまう――と考えられた。

原さんは治療を始めた。だがある日、スマホで自分の事件を取り上げた記事を目にしてしまう。

「ずっと誰かに見られている。怖くてどうにかなってしまいそう」。そして18年2月、気づけば栃木県足利市の実家から群馬県太田市内のスーパーに1人で向かい、菓子3点を上着に収めていた。7回目の逮捕。しかも、前回事件で執行猶予中の身だった。

懲役1年――。前橋地裁太田支部で判決の冒頭の一言を聞いた瞬間、原さんは頭が真っ白になった。

「ついに実刑か」。そう思い込んでうなだれていると、林大悟弁護士が「保護観察付きの執行猶予ですよ」と教えてくれた。

判決を言い渡した奥山雅哉裁判官は、驚いたことに、自らも市民ランナーだと明かした上でこう説諭した。

〈あなたはマラソンの並外れた才能があり、努力をする才能も持ち合わせています。この病の領域でもその才能を生かしてほしい〉

実刑とはせず、もう一度、社会の中で前に進むチャンスを与えてくれた。

「病気を克服して立ち直れるか、原さん次第であり、その生きざまは同じ病気を抱える人の先例にもなる、というメッセージが込められていた」。林弁護士は、奥山裁判官の言葉をそう読み解いた。

市民マラソンで頭を下げる

判決から4日後。東京・伊豆大島の市民マラソンのゲストに招かれていた原さんは、前日の講習会で自らの事件と病気を明かし、頭を下げた。参加者から拍手が起こった。

その姿を見ていた元陸上選手の西田隆維さんは「ここから再スタートする気持ちだったのか、もやもやしたまま走るのが嫌だったのか。葛藤しながら参加者と向き合っていたと思う。お、こいつ勇気あるな、と感じました」。

今、原さんは千葉市内の物流倉庫で働くかたわら、同市内の居酒屋「芝浜」でアルバイトをしている。「週末、１人で家にいると寂しいから」というのが理由だが、店でお客さんと話をすると、自分の心がほどけていくのがわかる。

かつては街で「マラソンの原裕美子だ」と指をさされるのが怖かった。スマホで検索すれば、今も事件のこと、病気のことはすぐ出てくる。

判決後、記者会見に臨む原さん

でも、過去を打ち明け、謝罪すると、思いの外、多くの人が受け入れてくれた。

店の大将・布施博さんと女将《おかみ》のひろみさんも、過去の事件のことは知っていたと思う。それでも、原さんは手紙を書いて渡した。

「今まで伝えていないこと、ネットには載っていないことも書きました。これを読んでも迷惑じゃなかったら、お仕事をさせてください」

博さんは手紙を開けずに、こう返した。

「間違いの一つや二つ、誰にだっててある。全然気にしなくていい」。寂しさを紛らわせるために始めたバイトが、今は生きがいになっている。

今も原さんは平井医師のもとで治療を受ける。つらかったこと、うれしかったことのエピソードをノートに書き出し、読み直して、そこに出てくる単語を毎日20語ずつ記して、ストレスを感じるはずの状況でも動じないでいられるよう訓練する——という方法を真摯《しんし》に続けている。

塀の外で生きるチャンスをもらった、という思いは常にある。「自分の行動がよくも悪くも同じ病を抱えている人に影響する。自分の体だけど、自分だけの体じゃないんです」

きちんと食べて、寝て、人と話して、気持ちよく走って。その姿を多くの人に見てもらうことが、自分の使命だと思っている。

（２０２1年6月13日掲載／杉本和真）

15　日本人初の宇宙飛行士になれなかった26歳〈1990〉

歴史的瞬間

オレンジの火を噴いた宇宙船ソユーズが、ゆっくりと地上を離れていく。放つ明かりは次第に小さくなり、最後は星のようになった。

1990年12月2日午後1時13分。旧ソ連・バイコヌール宇宙基地（現・カザフスタン）から、日本人が初めて宇宙へと飛び立った。乗り込んだのは、当時48歳だった東京放送（TBS）記者の秋山豊寛さん。そして地上では、入社4年目で当時26歳の報道カメラマン・菊地涼子さんが、歴史的な瞬間を見守っていた。

打ち上げは成功。喜びの拍手と歓声に包まれる。ただ、菊地さんだけは、違った感情が胸中に湧き上がった。「これで夢が終わったな」と。

バブル景気まっただ中の1989年。TBSでは、2年後の創立40周年に向けて、前代未聞の企画が動き出していた。

「宇宙特派員計画」。ソ連宇宙総局と共同で宇宙船に社員を搭乗させ、宇宙ステーション「ミール」に滞在するプロジェクトだ。

当時、宇宙開発事業団（現・宇宙航空研究開発機構＝JAXA）は毛利衛さんら3人を宇宙飛行士に選び、アメリカのスペースシャトルでの宇宙飛行を目指していたが、チャレンジャー号の爆発事故で打ち上げは延期に。その後に動き出したTBSの計画が、日本初の宇宙飛行となる可能性があった。

「応募してみないか？」。入社3年目を迎える同社報道カメラマンだった菊地さんにも上司から声がかかった。

大学では中国語を専攻。宇宙に興味があったわけではなかったが、「現場」で取材できるなら、宇宙でも行ってみたい。そんな軽い気持ちで手を挙げた。

社内や関連会社から200人近くが応募したが、多くは健康診断で脱落。打ち上げと帰還時の衝撃に耐えるため、体に350キロの負荷をかけたり、回転椅子に座って平衡感覚の狂いによる「宇宙酔い」に耐えられるかを調べたり。国内外の施設での検査など、半年にわたる厳しい選考の末、宇宙飛行士候補に残ったのは、菊地さんと外信部デスクだった秋山豊寛さんの２人だった。

フラッシュを浴びる菊地さん（左）と秋山豊寛さん

89年９月、世間へのお披露目の日。会社が用意した作り物の宇宙服を着て、詰めかけた記者団の前に立った。裏方であるカメラマンの自分が、今はスポットライトを浴びている。「親子ゴジラになった気分」。そう笑顔を見せたが、その裏で感じていた。

「これは、人生変わるな」

ロシア語漬けの訓練

東京から７５００キロ。モスクワ郊外にある通称・星の街（ガガーリン宇宙飛行士訓練センター）。89年10月、当時は軍事閉鎖都市として地図にも載っていない街で、訓練は始まった。

朝から夜までロシア語漬けの毎日。生徒は菊地さんと秋山さんの2人だけ。語学を学びながら、宇宙船が飛ぶ理論や操作法などの実務の授業が続く。水泳や筋力トレーニングも必須だ。

不時着しても自力で生き延びるため、氷点下5度の森の中で丸2日過ごす。緊急事態に冷静さを保つため、上空800メートルのヘリからパラシュートで飛び降りた時、初めて死の恐怖を覚えた。精神的、体力的に追い込まれる日々。授業中、疲れのあまり2人とも机に突っ伏して寝たこともあった。

翌春、打ち上げが12月に決まり、日本人初の宇宙飛行が確実になった。でも、宇宙に行けるのは1人。もう1人は、メイン飛行士にトラブルがあれば代わりとなる「サブクルー」だ。

秋山さんは会社の大先輩。実績では分が悪い。でも、自分は語学は得意だ。何より、訓練で見た地球の映像に心を奪われた。とことん青い海、オレンジが続く砂漠――。ゆったり回る地球を、この手でカメラに収めたい。宇宙への思いは日々募った。必死に訓練に取り組めば、チャンスはあると信じていた。

会社の意向

「絶対に失敗は許されない。1人ならベテランだろう」。社内でそうささやかれているのを、当時、取材部長だった寺田捨己《すてみ》さんは耳にした。プロジェクトには巨額の費用がかかっていた。それでも、寺田さんは「健康で、とにかく頑張り屋だから」と、菊地さんに声をかけた張本人。幹部には「テレビは映像だ。彼女には場を明るくする力がある。菊地がいい」と直言していた。

打ち上げ4か月前の90年8月。菊地さんたちは一時帰国し、日本初の宇宙飛行士誕生に向け、連日スポットライトを浴びた。取材する側から、される側になり、著名人とも対談した。

そして、星の街に帰る2日前。TBS幹部から東京・赤坂の料亭に呼ばれた。嫌な予感がした。座敷の隣に座る秋山さんは、冗舌だった。心が重く、目の前の天ぷらにも箸をつけられないまま、デザートが出てくると、幹部が切り出した。「秋山に行ってもらう」。社の意向を告げられた。

頭が真っ白になった。体も、心も硬直して胸が詰まる。菊地さんは、「はい」とうなずくのが精いっぱいだった。

その時、秋山さんには、菊地さんが普段と変わらぬ様子に見えた。「当然、僕が本命だとは思っていたけど、彼女は冷静で何も言わなかった。立場が逆だったら『何を基準に決めたのか』とか、問い詰めていただろう。菊地はずいぶん素直だなと、びっくりしたんだ」と当時を振り返る。

飛行士決定の発表はまだ先。口外はきつく禁じられ、誰にも苦しい胸の内を打ち明けられないまま、モスクワに戻る飛行機に乗った。

「特別扱いされた人」

黄金の白樺《しらかば》が並ぶ星の街で2度目の秋。菊地さんは訓練の手を抜かなかった。宇宙に行ける可能性は残るが、訓練は99％、実を結ばない。明るく振る舞ったが、眠れない夜が続いた。

11月に秋山さんの搭乗が発表された。打ち上げまで1週間に迫った頃、突然の腹痛に身をよじった。虫垂炎だった。緊急手術を受け、打ち上げ当日は病院から発射台に向かった。打ち上げ時の衝撃が手術痕に響く中、宇宙船を見えなくなるまで追った。

打ち上げの成功は、同時に夢が終わったことを意味する。涙を見せるのが嫌で、カメラの前では笑顔を貫いた。その夜、とめどなく涙があふれた。重責を果たした安堵《あんど》感。

そして「宇宙飛行士の役目は終わり」と、自分の中でけりをつけた。

日本初の宇宙飛行に列島は沸き、菊地さんも連日のように放送される特別番組に出演した。宇宙からの生中継で、ロシア人飛行士が1枚の写真を掲げた。「涼子さん、ここにいるよ」。訓練中の自分の姿が映っていた。「あそこにいた可能性もあったんだな」。その一瞬、仲間の心遣いへのうれしさと、少しの悔しさが、胸にこみ上げた。


「会社員の人生」に戻るはずだった。帰国後、モスクワ特派員になり、社会部では環境問題などを取材した。しかし、社内では「特別扱いされた人」。陰口をたたかれることもあった。自分でも中途半端な存在と感じ、居心地は悪かった。

２０００年、夫のアメリカ駐在を機に、会社を辞めた。渡米し、大学で宇宙とは関係がない環境生物学を学んだ。帰国後には出産。母としての暮らしが始まった。「飛べなかった宇宙飛行士の経験や知識なんて必要とされず、生かす場もない」。ずっとそう思っていた。

だが、ＪＡＸＡの的川泰宣名誉教授は、星の街の教官から「涼子はとても優秀だった」と聞いていた。実際に会うと「笑顔が印象的で、誰にでも好かれる人柄。知識や経験を的確に伝えられる」と、子どもの宇宙教育を進めるNPO法人「KU－MA」の特別講師に誘った。その頃、米国のスペースシャトルの退役が決定。国際宇宙ステーション（ISS）に人を運べるのはロシアの宇宙船だけとなり、その技術への関心も高まっていた。

「飛んでいない私でいいの？」。菊地さんは悩んだが、「子どもたちの視野が少しでも広がれば」と引き受けた。人類初の宇宙飛行に成功したガガーリンの話、無重力空間で重さ10キロの宇宙服がするっと着られた体験――。自らの知識と経験を語り始めた。夢が断たれた日から、20年近くがたっていた。

思い起こせば、訓練時代、異国での孤独な暮らしを気遣ってくれたのは、宇宙飛行士仲間やその家族たち。「授業はどう？」「食事は大丈夫？」。家に招かれ、食卓を囲んだ。次第に広がった人の輪が、ロシアでの1年2か月を支えてくれた。菊地さんには、もうひとつの「家族」だ。それは今も続き、東日本大震災の時は「部屋を確保したから避難してきていいよ」と連絡があった。

「優しくて、ユーモアがあって。日本人はロシア人にそんなイメージはないでしょう。私が知ったロシアの魅力を伝えたい」。菊地さんは今も講演活動を続け、宇宙飛行にまつわるロシアの小説の翻訳も始めた。

宇宙には行けなかった。テレビマン人生は、脇道にそれて元に戻れなかった。人生は一変したのかもしれない。でも、宇宙飛行士を目指したことに後悔はない。「挑戦しなければわからない世界が広がっていたから」。そう軽やかに笑った。

講演会で子どもたちに宇宙の面白さを伝える

日本人の宇宙進出

人類初めての宇宙飛行は、60年前の1961年4月。「地球は青かった」というフレーズで有名なユーリ・ガガーリンが旧ソ連から飛んだ。

これまでに500人以上が宇宙に飛び立ち、日本人はそのうち14人。90年12月に秋山豊寛さんが旧ソ連から、92年9月に現・JAXAの宇宙飛行士だった毛利衛さんがアメリカから続いた。

日本で最も多く宇宙に行ったのは若田光一さんで、2

022年頃に5度目の飛行を予定。21年には星出彰彦さんがISSに滞在し、船長を務める。同年12月には、実業家の前沢友作さんら日本人2人がロシアの宇宙船でISSに滞在する。

（2021年7月11日掲載／中瀬有紀）

16 「火の中を通れ！」貿易センタービル勤務の44歳〈2001〉

2001年9月11日の朝

あの日、ニューヨークには抜けるような青空が広がっていた。前日の雨が空中のチリを一気に洗い流したかのように清々《すがすが》しい朝だったと、中国銀行（本店・岡山市）のニューヨーク（NY）支店長だった久保津《くぼつ》敦雄さん（当時44歳）は思い返す。

その青い空を切り裂くようにして、ハイジャックされた旅客機が世界貿易センタービルに突っ込んできた。90階にあったオフィスで、久保津さんは叫んだ。

「全員、火の中を通れ！」

脱出後、10分ほど経《た》っただろうか。さっきまで自分たちがいたビルが、轟音《ごうおん》をたてて崩れ落ちた。

「あの出来事は決して忘れてはならない。ただ、とらわれてもいけない。だから、前を向いて生きてきました」。20年後の11日、久保津さんは記者の問いに答えて、こう言うのだった。

今思えば、すぐに逃げるという判断ができたのは、天《あま》の邪鬼《じゃく》な自分の性格が幸いしたのかもしれない。

2001年9月11日。前の晩、日本からやって来た知人をもてなして、つい飲み過ぎた。二日酔い気味のまま、久保津さんは、マンハッタン島にそびえる110階建ての世界貿易センター（WTC）の北棟90階にある職場に出勤した。

岡山市に本店を置く中国銀行のNY支店。この年の6月、久保津さんは支店長に昇進したばかりだった。

窓ぎわの支店長席にカバンを置いて、部下に業務の指示を出したその直後。

午前8時46分、キーンという音のあと、ドンと車が追突したような衝撃があり、窓の外に巨大な「火の玉」が膨らんだ。

飛行機事故だ。そう思った瞬間、自分のものと思えない大きな声で叫んでいた。

「全員脱出！　逃げるぞ！」

非常時の避難マニュアルでは、まず情報収集し、重要書類を金庫に入れると定められていた。でも、その手順を全部すっ飛ばして、とにかく逃げることにした。

「ヘルメット、マスク！　早うせい！」

１９９３年にＷＴＣの地下駐車場で爆弾テロ事件が起きたのを機に、オフィスの避難用具は拡充されていた。出社していた部下７人に装着させると、炎を飛び越え、非常階段に走った。

飛行機が突入、燃え上がった世界貿易センタービル〈ＡＰ提供〉

若い頃から、自分なりに考えて「違う」と思えば、ルールから多少外れても意志を貫くところがあった。
たとえば、高校１年の夏休み初日。英語の補習授業で、何かのきっかけで教師に「出て行け！」と怒鳴られた。理不尽さを感じた久保津さんは、本当に教室を出て行った。それからその教師の補習には一切、顔を出さなかった。

代わりに自分で英語を猛勉強し、得意科目と呼べるまでに上達。「海外に行ける」と聞き、中国銀行への入行を決めた。

その中国銀行は1991年、NY支店を開設。400メートル以上の超高層ビルが二つ肩を並べるWTCには、世界中から集まった銀行や証券会社、法律事務所がひしめいていた。

そこに、国際テロ組織「アル・カーイダ」のハイジャック機が突っ込んだ。1機目が激突したのは北棟の93〜99階。久保津さんたちがいた90階とは、ほんの数階の差だった。

南棟の崩落

その頃、日本ではテレビの生中継が始まった。岡山県倉敷市の自宅にいた久保津さんの妻・典子さんにとって、見覚えのあるビルが映し出されていた。

2か月前、3人の子供を連れて、NYで単身赴任中の夫の職場を見てきたばかり。黒煙が上がるあの辺りは、ちょうど支店がある付近ではないか……。

急いで支店に電話すると、リーリーリーという呼び出し音が鳴った。誰も出ない。「呼び出し音が鳴るということは、オフィスへの直撃じゃないはず」。典子さんは無事の一報を待つと決めた。

午前9時3分、2機目がWTC南棟に突っ込んだ。世界はこれが飛行機事故ではなく、テロだと気づく。

しかし、久保津さんたちは知るよしもない。北棟の非常階段を30階まで下りた時、「ちょっと通してください」と、酸素ボンベをかついだ消防士たちとすれ違った。後に、こうした消防士の中から犠牲者が出たと知った。

午前9時59分。9階まで来た時、ズズズとビルが大きく揺れた。南棟の崩落だ。全員がパニック状態となったが、3階から下は黒煙が渦巻いて進めない。わけも分からずフロアを駆けると、明かりが見えた。出口だった。

外はしんと静かだった。久保津さんはぼんやりと、いま下りてきたビルを見つめた。するとそのビルが傾き、警察官らが「逃げろ！」と叫びながら走ってくる。とっさに別のビルの隙間に身を隠した。

午前10時28分、北棟は十数秒で崩壊した。脱出から約10分。マニュアル通り書類の整理をしていたら、おそらく命はなかっただろう。

脱出から2時間後。数人の部下を家に帰し、久保津さんと部下1人は、避難先の三和銀行（現・三菱ＵＦＪ銀行）にたどり着いた。

「頭の上からつま先まで、全身が灰色の粉じんまみれだった。『よくぞ生き延びた』と、胸が締めつけられた」。三和銀行のＮＹ支店長だった中村雅信さんは、当日の姿を鮮明に覚えている。

ゼロからのスタート

自分たちの仕事場がテロの標的となった。膨大な数の人が犠牲になった。その夜、足はパンパンで体は疲れ切っているのに、ビールを飲んでも、日本酒をあおっても、眠れない。恐怖と憤りと極度の混乱の中で、久保津さんは、一つのことを心に決めていた。

〈とにかく仕事をしよう〉

翌12日。三和銀行の会議室を借り、朝一番で部下全員を集めた。「ゼロからのスタートじゃけど、前を向いていこうな」と呼びかけた。

テロのショックでがっくりと気落ちし、今にも心が潰れてしまいそうな部下もいた。

久保津さんは仕事以外のことを考えられないように、あえて負荷をかけた。オフィスが消え去ってパソコン1台も残らなかったため、幸か不幸か、仕事は山ほどある。毎朝、その日の業務目標を決めさせ、夕方には日誌で報告させた。

支店では若手の行員だった田野哲也さんは、あの時、窓越しに、ビルに突っ込んでくる旅客機の腹を見た。階段を下りる途中の人混みで久保津さんとはぐれ、1階で南棟の崩壊に巻き込まれた。粉じんの爆風に襲われてうずくまり、「息ができん。死ぬ」と覚悟した。

でも、翌朝から仕事に忙殺されたことで、落ち込んでいる暇がなかった。「久保津さんは合理的な判断ができて、部下のために腹をくってくれる。上司が違ったら、たぶん長続きしなかったと思う」

本店から一時帰国を促す連絡が入った時も、久保津さんは「前を向いていなければ、気持ちが保てない」と断った。当時、専務として本店で対応に当たった泉史博さんは「彼らの強い使命感に胸が熱くなった」と振り返る。

テロ後の10月7日、米国は英国とともにアフガニスタンへの空爆を開始。アフガン戦争が始まった。

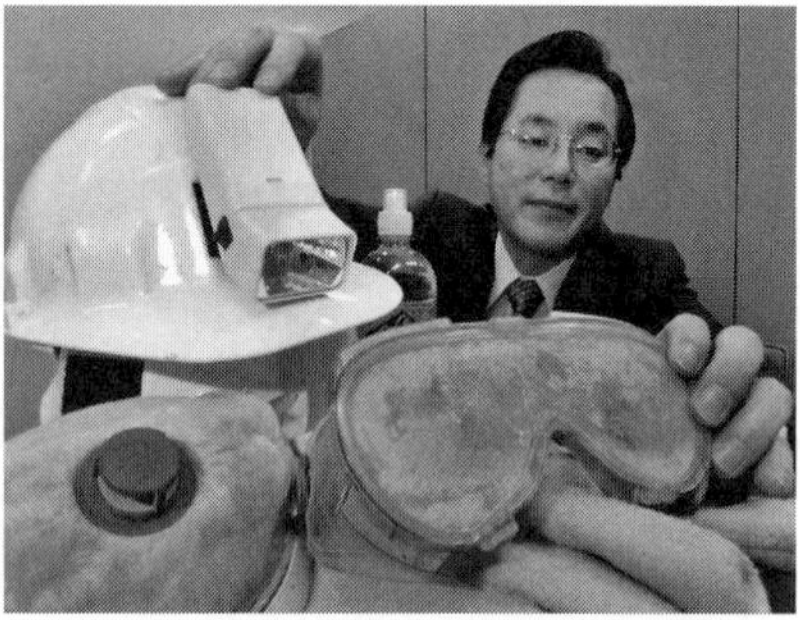
テロから約１年後、取材に応じる久保津さん

一方で、日本の金融業界にはバブル崩壊後の銀行再編のうねりが起きていた。中国銀行は、店舗の統廃合による経営効率化を選んだ。現地行員らの奮闘とは裏腹に、ＮＹ支店の閉鎖が決まった。
久保津さんは星条旗のピンバッジを買い、「また9月11日に集まろう」と部下たちに一つずつ渡した。小さなバッジは、自分たちがここで力を尽くした証拠だった。

テロ翌年の02年6月、久保津さんは帰国。本店の広報室長に就き、殺到する取材に対応した。求めがあれば、講演でも話した。平和が一瞬にして奪われるという体験をしたことで、「日頃の準備と、いざという時の想像力の大切さ」は伝えたいと思った。
08年に岡山県真庭市で講演を企画した井原初彦さんは「普通はパニックになるはずなのに、支店長として全員の無事を第一に考え、冷静に行動した。優しい語り口だったが、肝が据わっていると感じた」と振り返る。

同年、久保津さんは証券会社「中銀証券」を作るプロジェクトを任された。

ゼロから会社を作る仕事。怒っても下はついてこない。廊下やたばこ部屋で「元気？」と話しかけ、ミスをした人には挽回のチャンスを与えて。テロの直後、裸同然で働いた時に何より役立ったのはチームワークだった。あの経験がいきたように思う。

そして21年6月28日、中銀証券の常務を最後に、久保津さんは42年間の銀行マン生活を終えた。

亡くなった人たちに失礼のないように

退職後は、趣味のゲームや読書をしたり、妻の典子さんと買い物に出かけたり。何げない日々を大切に過ごす。

家族とはテロの話は一切しない。「生きていれば色んなことがある。大変だったとわかるから、あえて聞かなくてもいいんです」と典子さん。

テロでは約３０００人の命が奪われた。テロリストに対し、「いいかげんにせぇ。関係ない人を巻き込むな」という怒りが消えることはない。

しかし、超大国をめぐる激流の中で、久保津さんがなすすべはなかった。「政治家でもない、市井の一個人の自分には、訴える力や道具はない。戦場に行って報復するわけにもいかんし」

NY支店の元部下たちとは、コロナ禍の前まで、毎年9月11日が近づくと酒を飲んだ。「僕たちは人生の一場面を共有した。それぞれの思いを糧に、頑張って生きていこう」と励まし合った。

あの凄惨《せいさん》な現場で、幸運にも自分は命をつなぐことができた。そこから振り返らず、仕事に邁進《まいしん》し、経験や教訓を人に伝えてきた。

「亡くなった人たちに失礼のないように、自分なりに真っ当に生きる」。それが生き残った人間の責任だと思う。

これからも前を向いて、自分にできることを一歩ずつ、積み重ねていこうと久保津さんは思っている。

（2021年9月12日掲載／米山理紗）

17　名回答がベストセラーに「生協の白石さん」〈2005〉

「ひとことカード」旋風

「ネットで話題になっているこれ、お前のこと？」

２００５年春、東京農工大学の生協で働いていた白石昌則さんは、友人からのメールを見て驚がくした。添付された画像は間違いなく、自分が書いた「ひとことカード」だ。生協への要望を書いてもらうこのカード。毎日、回答を手書きし、店内の掲示板に貼り出していた。まさか、学外で噂《うわさ》になっているなんて。同年11月、カードの「名回答」を集めて、ついに本まで出版された。

〈愛は売っていないのですか？〉

――どうやら、愛は非売品のようです。

ひとことカード ※一部抜粋

東京農工大生協

内定がもらえません。もうすぐ夏休みなのに・・・
（INEMURI）

この時期、学生さんの頭を悩ます企業の内定、大抵はハイテイ（※）に良いツモが潜んでいるものです。自分の運命を信じましょう。ご自身の記録をしたためる「就職活動手帳」が先週当店に入荷しました。1冊¥699です。（白石）

※マージャンで最後にめくる牌《パイ》

もういやだ　死にたい
（名前なし）

生協という字は「生きる」「協力する」という字を使います。だからといって、何がどうだという事もございません。このように、人間は他人の生死に関し、呆れる程、無力で無関心なものです。本人にとっては深刻な問題なのに、何だか悔しいじゃないですか。生き続けて、見返しましょう！（白石）

白石さんのおかげで僕にもやっと春が来ました。しかし、次の冬がこわくてなりません。対処法はありますか？（鏡介）

春到来、おめでとうございます。あえて言うなら“何もしない・考えない”方が望ましいのではないでしょうか。心配してしまうと、折角訪れた春を存分に楽しめなくなってしまいますよ。暖かい時期にヒーターがあっても場所を取るだけです。故に備えは不要と思われます。是非「春」を満喫して下さい！（白石）

真面目なのだけどつい笑ってしまう、機知に富んだ回答の数々。そんな非凡な「生協の白石さん」を、学生たちも、世間も、見逃さなかった。

後に「生協の白石さん」として大ブレイクする白石さんは、子供の時から、言葉によって人の心をつかむ「コツ」を知っていたふしがある。

東京都昭島市で、2人兄弟の長男として生まれた。父は不在がちで、母の崎子さんが新聞配達や飲食店のパートをかけ持ちして育ててくれた。

家は裕福とはいえない。費用やお迎えの面で、幼稚園や保育園に通うのは難しい。そんな白石さんに、母は小学校に入学する前から読み書きを教え、そして、近所の焼き肉屋から、「客が読み終わった漫画をもらう」という約束を取り付けてくれていた。

だから白石さんは5歳や6歳の頃から、母の帰りを待ちながら、「週刊少年ジャンプ」や「週刊少年チャンピオン」、「ビッグコミック」を家で読み込む幼児だった。

当時、チャンピオンでは手塚治虫の「ブラック・ジャック」や、水島新司の「ドカベン」が連載されていた。漢字には、必ず「読みがな」が振ってあった。

「医療や高校野球の独特な世界観に触れて、言葉を覚えた。そういう状態で小学校に入ったら、神童扱いでしたよ。まあ、高学年になればみんなジャンプを読み始めるから、アドバンテージはなくなるわけですが」

小学校時代からの友人、江口輝《あきら》さんは、白石さんの大人びた言葉遣いを今でも覚えている。一緒に遊んでいた時、振り回した枝が白石さんの顔に当たると、「大概《たいがい》にしろよ！」と怒られた。

「普通なら、『ふざけるな』や『やめろよ』でしょう。でも、『大概にしろよ』って。え？　そこでその言葉出る？　と、思わず笑ってしまった」

ギャグ漫画では、「決めゼリフ」がきっちり決まると笑いが取れる。小学3年の時、先生から私語を注意され、「けじめをつけなさい」と肩をつかまれた。とっさに白石さんは「はなせば分かります」。「話せば」と「放せば」がうまくかかって、教室が沸いた。

「男の生き方は」

人を傷つけない、ちょっと面白いことを言って、人気を得る。そのセンスは、信州大に進んで学生寮に入ってからも光っていた。

ある日の飲み会のこと。酔っ払った一人が、「男の生き方は引いて生きるか出て生きるか、二つに一つだ」と〈名言〉を吐いた後に暴れて寮のトイレを壊してしまった。そのエピソードを記した寮内の文書に、白石さんは書いた。

「男の生き様、引くか出るか。名言と酒を吐いた彼は、女性に対しては目を合わせられずに一歩引いているので注意が必要だ。その代わり、腹は出ているので安心だ」

これ以降、寮内では「安心だ」「だが、注意が必要だ」という言い回しが流行したという。「彼が書く文章は、緊張した場でも雰囲気を和ませる独特のセンスの良さがあった。この時も、さすがだなと思った」。4年間、ともに学生寮で過ごした梯《かけはし》潤一郎さんは振り返る。

幼い頃から、何となく言葉にこだわってきた白石さん。就職活動では好きな雑誌の出版社を受けたが、落ちてしまった。パンの製造会社で内定をもらったものの、入社後に担当するだろう営業の仕事は、「流されやすい」自分の性格に合わない気もした。

その時ふと、信州大生協の職員の顔が浮かんだ。就活で上京のたびに特急電車のチケットを手配してくれた人。親切なうえに、「頑張って」と応援してくれた。

「学生に丁寧で、本当にありがたくて。学生と常に接するから、自分も若い感覚でいられるかなとも思って」。生協のことを何も知らないまま採用試験を受け、面接でとんちんかんな受け答えをしたのに、なぜか次の選考にも呼ばれた。気付けば1か月後には内定をもらっていた。

最初に配属された早稲田大の生協で10年ほど働き、２００４年12月、白石さんは東京都小金井市にある東京農工大工学部の生協に着任した。

翌05年1月から、店内の投書箱に寄せられた質問や要望に答える「ひとことカード」の担当になる。

担当になって1か月ほどたった頃。白石さんはこんな質問を受け取った。

〈リュウとケンはどっちが強いんですか？〉

リュウとケン。おそらく人気ゲームのキャラクターのこと。白石さんはこう答えた。

「……推測の域は出ませんが、（いずれも俳優の）竜雷太《りゅうらいた》と松平健の場合、全盛期ならおそらく竜雷太の方が腕力は上だと思われます」

生協の業務とは全く関係ない質問でも受け流すことなく、意表をついて切り返す。それは、都心から離れたキャンパスで日がな一日、勉学と研究に没頭する農工大の学生たちにとって、生協は数少ない「息抜きの場」であると白石さんは知っていたから。ほんの一息、「ちょっとふざけて盛り上がりたい」という学生らの気持ちはよく分かった。

「本来の目的から逸脱しないように、大半の質問にはきちんと答えて、残り2、3枚はとぼけてみせて。ただ、失礼のないように、ということは心がけました」

生協という真面目な場所で

「これは絶対にネタになる」。当時、東京農工大の2年生だった上條景介さんは白石さんのひとことカードを見て直感した。

「うちのような真面目な大学の、生協という真面目な場所で、こんなウィットに富んだやりとりが展開されている。僕はすぐ、ファンになりました」

05年5月、上條さんは、白石さんの名回答を解説付きで紹介する「がんばれ、生協の白石さん！」と題したブログを始めた。

一方、白石さん自身は、この直前の同年3月、自分が書いたカードの画像がネット上に出回っていると知る。「リュウとケン」は特に人気で、学生時代の仲間から次々と連絡が入っていた。

ほどなく大ブームとなり、この年の11月には、『生協の白石さん』（講談社）という本も出た。93万部のベストセラーになった。

当時、結婚して丸2年だった妻の光代さんからは、「えらい。よくやった」と褒められた。

が、当の白石さんは、注目されたことを喜びつつも、「自分の回答が特別という感じはなくて。多数が見て分かりやすく、楽しんでもらえればいいかなと」。

単にやりとりが軽妙なだけでなく、カードは売り上げにも貢献していた。男性とみられる筆跡の「バストアップ用品を置いて」という要望に、「ビルドアップ（筋肉を成長させる）商品」のプロテインを薦めたところ、後日、運動系サークルの学生からプロテインの大量注文が入ったという逸話も残る。

日本生活協同組合連合会で営業を担当する白石さん

一躍「時の人」となった白石さんだが、生協の一職員としての人生は続く。農工大の生協で4年ほど勤めた後、08年からは構内に生協がない大学の学生や教職員を組合員とする「東京インターカレッジコープ」の店長に就任した。

さらに法政大や東洋大の生協でも店長に。ひとことカードで多くの学生から寄せられる「単位がほしい」という要望に応え、各大学生協をまとめる「大学生協東京事業連合」とともに〈単位〉の焼き印を押したクリームパン「単位パン」を考案し、15年に販売した。

農工大生協時代の上司だった小林亘さんは「アイデアを出す力があり、学生が求めることを把握する力もあった。学生が発する言葉に誠実に向き合っているからでしょうね」。

だが、そんな白石さんにもコロナ禍は大きくのしかかった。大学はオンライン授業に切り替わり、学内にやって来る学生はまばらに。当然、生協の売り上げも激減してしまった。

転職先は……

そして21年、白石さんは大学生協を辞めて、日本生活協同組合連合会（日本生協連）に転職した。

「同じ生協じゃないか、と言われるかもしれないですが、これが全然違うんです」と、白石さん。大学生協は学生や職員が組合員で、おもに学内で売店や食堂を運営する。地域生協は、宅配や店舗の事業があり、ほかにも職域生協などがある。白石さんが働く日本生協連は、商品開発や商品の供給を担っているのだ。

大学生協では商品を仕入れる側だったが、今度は「商品を紹介し、納入する側」。現在は、ヨーグルトや牛乳、豆腐などを担当する。住み慣れた東京を離れ、2月から単身、大阪で暮らす。

白石さんに聞いてみた。

〈生協の魅力って何でしょう？〉

「人と人とのつながりを大切にするところです。紙面の都合上、具体的に示しきれず申し訳ございません。詳しくはお近くの生協店舗にてお気軽にお問い合わせください」

（２０２１年10月10日掲載／田村美穂）

18　三沢光晴さんに「最後」のバックドロップを放ったプロレスラー〈2009〉

三沢さん、起きてくれ

約2300人のファンの熱気で、会場は沸いていた。2009年6月13日、広島県立総合体育館。「プロレスリング・ノア」の人気プロレスラーだった三沢光晴さんと、斎藤彰俊さんが、リング上で渾身《こんしん》の技をぶつけ合った。

試合開始から30分。斎藤さんが「バックドロップ」を放った。どんな技を受けても不死身のように起き上がり、「受け身の天才」と呼ばれた三沢さんが、倒れたまま動かない。

会場は騒然となり、心臓マッサージが始まる。「三沢さんなら必ず起き上がる」。斎藤さんは祈り続けた。だが、三沢さんが目を覚ますことは、二度となかった。

リングで倒れた三沢さんが運ばれたのは、広島市内の大学病院だった。斎藤さんも駆けつけた。

背後から相手の腰を両腕で抱え、後ろへ反り投げる「バックドロップ」。その技を、斎藤さんが三沢さんにかけた。それからわずか1時間余り。三沢さんが亡くなった。46歳だった。午後10時10分。死因は頸髄《けいずい》離断という。斎藤さんは病室で三沢さんと対面し、立ち尽くした。

夜が明け、朝になった。その日も、福岡県で試合が予定されていた。対戦カードは、多くの関係者が苦労して練り上げている。プロとして、「休む」という選択肢はない。

死んでおわびをするか、引退してリングから去るか、試合に出るか。この三択しかないと、斎藤さんは考えた。

所属するプロレス団体「プロレスリング・ノア」の指示もあり、病室を出て、宿泊先のホテルに向かった。途中、大きな川にさしかかり、橋のたもとから河原に下りた。

ここで自分の一生を決めなければ。川のせせらぎを見つめながら、思い定めた。

憧れ、尊敬していた三沢さんに全身でぶつかった。自ら命を絶ったり、引退したりするのは逃げになる。「自分が消えれば、ファンの怒りや哀《かな》しみの行き場がなくなる。リングに上がって、皆さんの見える所で、全てを受け止めよう」

斎藤さんは「試合に出る」という決断をした。

リングに立てた感動

仙台市出身の斎藤さんは、小学生で競泳を始めた。愛知・中京高に進んでインターハイを、中京大でインカレなどを制し、五輪の強化選手に選ばれた。だが、1988年のソウル五輪の代表選考会は5着。五輪には行けず、競泳は引退した。名古屋市のスポーツ関連団体に就職した。

実は、幼い頃からプロレスや空手漫画も好きで、高3からは、空手道場にも通い始めた。水泳はやめられても、プロレスへの熱い思いは消えない。90年、斎藤さんは愛知県半田市で行われた試合に上司に黙って出場し、デビューを果たす。「技が効いているかいないかも、わからなかった。でも、リングに立てた感動が忘れられない」

まだ20歳代半ば。体は動くし、体力には自信がある。所属先のあてもないまま職場に辞表を出した。フリーの立場で、小規模団体が主催する興行への出場を重ねた。

日本のプロレス界には、かつてジャイアント馬場さんが率いた「全日本プロレス（全日）」と、アントニオ猪木さんが創設した「新日本プロレス（新日）」の2大潮流がある。〈元水泳選手の空手家〉の斎藤さんは、そのどちらにも縁《ゆかり》がなく、いわば「傍流」を漂っていた。

そんな斎藤さんは、92年1月、新日本プロレスの東京ドーム大会に空手団体の仲間と乗り込んで注目され、新日への参戦が認められる。だが、プロレスの基礎を知らない。

「まずは受け身を覚えさせなきゃダメだ、と思ってね」。ベテランレスラーのザ・グレート・カブキさんが、見るに見かねて教えてくれた。「蹴りは速くて運動神経もいい。何より素直で、やる気があったから」

少しずつ技を身につけた斎藤さんだが、生活や立場が安定してくると、「自分にはハングリー精神が足りない」と思い始める。「今までやったことがないことを、一番条件の悪い所でやろう。成功したら、プロレスに戻ろう」

99年、突然、新日を脱退し、不動産業者が「絶対に繁盛しない」と言った名古屋市内の路地裏の雑居ビルでバーを始めた。昼はアルバイトもしながら生計を立て、やがて800種類の酒を揃《そろ》えたこだわりの店として知られるように。経営が軌道に乗った頃、三沢さんの「ノア」設立を知った。

三沢さんに直談判

同じプロレスラーでも、三沢さんは「育ち」が違った。レスリングの名門高校の出身で、全日本プロレスでは2代目タイガーマスクとして活躍。全日を脱退後、2000年8月にノアをつくると、三沢さんを慕って多くの選手が移籍した。

「2大潮流のうち、自分は新日を経験した。全日にいた三沢さんの下で、もう一度リングに上がりたい」

三沢さんが名古屋に来ると聞き、斎藤さんは直談判に行った。ほんの数分。立ち止まって話を聞いてくれた三沢さんは「包み込むような大きさがあった」。後日、ノアの試合で力量を試してもらえることになった。

リングから離れた間も体は鍛えていた。結果は「合格点」。バー経営をどん底からなし遂げたことで、ハングリー精神が戻った手応えがあった。

プロレスに復帰した斎藤さんは、持ち前の「真正面からぶつかる」スタイルで突き進んだ。三沢さんとも何度も対戦した。そのたびに、三沢さんの強烈な「エルボー」の威

2006年の試合で、三沢さんをバックドロップで投げる斎藤さん
〈プロレスリング・ノア提供〉

力と、受け身のうまさ、どんな攻撃を加えても立ち上がる強靱《きょうじん》さに、畏怖の気持ちがどんどん大きくなった。

胸に刻む言葉

「本当に普通のバックドロップで、写真を見たら、技にも受け身にもミスがなかった。あれは危ないシーンではなかったと、その事実を伝えなければと思いました」

斎藤さんが三沢さんにかけた最後の技について、雑誌「週刊プロレス（週プロ）」の当時の編集長だった佐久間一彦さんは言い切る。会場にいたカメラマンの落合史生さんの連続写真が、それを示していた。

斎藤さんは、試合の流れを変えるためにこの技を使う。「試合が動くタイミングを逃さないようシャッターを切った。違和感のないバックドロップだった」と落合さん。佐久間さんの判断で、一連の写真は週プロに掲載された。

当の斎藤さんは、どんな厳しい言葉も受け止める覚悟で、三沢さんの死の翌日、09年6月14日に福岡で行われたノアの試合に出た。

試合中、罵声は飛ばなかった。「むしろ、温かい励ましの雰囲気だった。三沢さんのファンは三沢さんの人間性も支持していたと思うけど、その偉大さを改めて感じた」

だが、リングの外は違った。「危険なバックドロップ」「三沢を返せ」――。斎藤さんのインターネットのブログには非難が相次いだ。

三沢さんの死から数か月後。斎藤さんはノアの幹部から1通の手紙を受け取った。三沢さんの知人が、生前の三沢さんとの会話を思い出しながら書き起こしたという。手紙によれば、三沢さんは、試合中の不慮の事故で自分が死ぬ状況を想定し、対戦相手への言葉を遺《のこ》していた。

「本当に申し訳ない　自分を責めるな　俺が悪い」「これからも、己のプロレスを信じて貫いてくれ」

何十回、何百回と読み返して、斎藤さんはその言葉を心に染み込ませた。

三沢さんと共にノアを牽引《けんいん》した元プロレスラー、小橋建太さんは言う。「必死に闘った中で起きたこと。三沢さんは、斎藤選手の十字架を早く取ってあげたいと、そんなもの背負うなよと、思っているはずなんです」

斎藤さんは自分の年齢を公表していない。調子が悪い時、「年だから仕方がない」と思いたくないからだ。コロナ禍で試合は減ったが、今も月に5、6回はリングに上がる。ツイッターには、「よくのほほんとノアのリングで試合できますね」といったメッセージが今も届く。それには、「辛《つら》い思いをさせてすみません。考え抜いて出した結論ですので、闘い続けようと思っております」と返信している。

「皆の気持ちを受け止める、なんて偉そうに言ったけど、実際には自分の容量をはるかに超えていて。でも、筋肉もそうですけど、衝撃で破壊された後に休息を取ると、以前より大きくなりますよね」。心も、何回も壊れて修復したら大きくなると、自分に言い聞かせている。

あの事故以降、バックドロップはほぼ封印してきた。だが20年6月、かつて三沢さん

リングに上がり続ける斎藤彰俊さん。ダイナミックな技が、観客をひきつける

とタッグを組んでいた潮崎豪さんに、久々に放った。斎藤さんは、人さし指を天に向けた。三沢さんにアピールするかのように。

今年は、三沢さんの十三回忌だった。プロレスラーを続けた自分の選択に後悔はない。

「これが正解かどうかは分からない。でも、天国に行った時、三沢さんから『それで良かったんだよ』と認められるような、胸を張れるプロレスを続けたい」

若手レスラーと真正面からぶつかれなくなるまで、斎藤さんはリングに上がろうと思っている。

（2021年12月12日掲載／沢村宜樹）

19　アフリカから来た、最も有名な国会議員秘書〈2002〉

タレントだったんですか？

太平洋を見渡す千葉県銚子市の千葉科学大キャンパス。「こんにちは、みなさん」スーツ姿のムウェテ・ムルアカさんは、2メートル9センチの長身をかがめるようにして、教室に入った。

この日の講義は、肺の治療装置について。難解な専門用語や数式に向き合う学生たちに、「ここは、将来必ず役に立つよ」と優しく語りかけた。

「ムルアカ先生のことを、こないだ、ユーチューブで調べてみたんです」。ある男子学生が言った。「自転車のCMに出ていましたよ。昔、タレントだったんですか？」

来日して37年。今の学生たちは、かつてムルアカさんがタレントだったことを知らない。そして、ある時期、〈日本で最も有名な国会議員秘書〉であったことも、もちろん知らない。

アフリカ中部の国、かつて「ザイール」と呼ばれた現在のコンゴ民主共和国で、ムルアカさんは生まれた。

日本のことはあまり知らなかった。日本人はちょんまげを結っていると、本気で思っていた。

それが、現地の大学を卒業し、国営放送に就職して国際ニュースを担当するようになって驚いた。1945年の敗戦でどん底に落ちたはずの日本が、科学立国で成功している。なぜ、こんなに成長できたのか。アフリカの国々にとってヒントがあるのでは。

だから、親類の一人がザイールの駐日大使に選ばれ、「一緒に行かないか」と誘われた時、ムルアカさんはすぐに乗った。1985年、来日した。

ところが、その親類は来日早々、母国の大臣職に任命され、帰国してしまう。一人残されたムルアカさんは、不自由のない大使公邸住まいから一転、極貧生活に。埼玉県朝霞市で家賃2万円台のアパートに住み、ガソリンスタンドなどでアルバイトを重ねた。

食べる物にも困り、近所の八百屋で古くなったキュウリを安く分けてもらうことも。

「キュウリとマヨネーズがあれば生活できた」

日本の冬は寒く、栄養も偏っていたためか、しょっちゅう体調を崩した。

「江戸カルさん、ムウェテ（ムルアカさんのこと）がまた熱を出しています」

当時ムルアカさんが通っていた東京の日本語学校「江戸カルチャーセンター」の校長だった中澤百百子さんは、バイト先から親代わりのようにこんな電話をよく受けた。

「一番手がかかる子でした。でも、どこか憎めないのよね」

当の本人はどこで覚えてきたのか、「稼げども稼げども、我が暮らし楽にならず」などとケロリと言う。授業やバイトの合間に「ただいまー」と事務室に顔を出し、夢や悩みを話した。かと思えば、「ビザを取りたいので、弟と妹もここに入れてほしい」。自分の生活もギリギリなのに、何言ってんのよ――中澤さんはあきれつつも、つい構った。

ムルアカさんが東京電機大工学部第二部（夜間）に進んだ際、学部長だった同大名誉教授の小谷誠さんによると、研究室にふらりと現れては、「論文に使いたい」と必要なデータをのぞいていく。遠慮のない行動に困惑する教職員や学生もいたが、小谷さんは「サービスしてあげてよ」と現場をなだめた。

「彼なりに努力していた。したたかな面もあるけど、人の懐に入り込む力があった」

後に同大の学長も務めた小谷さん。ある日、ムルアカさんから電話が来た。「明日、弟の誕生会なんです。来てくれますか?」。多忙だったが、断り切れずに出席した。同じく呼ばれた有名企業の社長の車で送ってもらった帰り道。「いつ呼ばれました?」「昨日ですよ」。変わらないな——。思わず苦笑した。

鈴木議員との出会い

「異国で身につけた生きるコツ。なんちゅうか、独特の気さくさ、人懐こさなんでしょうな」。こう評するその人こそ、ムルアカさんの〈運命の相手〉とも言える鈴木宗男さん(現・参院議員)だ。

2人の出会いは、1990年前後。学業の傍ら、タレント活動もしていたムルアカさんは、同じく「アフリカ系タレント」のオスマン・サンコンさんとともに、各国の大使館で交流会を開いた。

国会議員に招待状を送ると、大半は「参加」と返事はくれるが、実際には来ない。そんな中で、当時自民党の衆院議員だった鈴木さんだけは、こまめに顔を出してくれた。

「国際社会で日本が名誉ある地位を得るには、アフリカ諸国の支持が欠かせない」。政治家としての嗅覚だったのか、鈴木さんはアフリカに強い関心を寄せていた。

そんな鈴木さんの行動力に、ムルアカさんは引き込まれた。アフリカの国々の政府要人を鈴木さんのもとに連れて行くと、すぐ日本の閣僚に引き合わせてくれた。「鈴木先生はすごい。理解者になってくれる」

鈴木宗男さんのアフリカ視察に同行したムルアカさん〈鈴木事務所提供〉

鈴木さんもまた、ムルアカさんの存在感に注目した。身長1メートル65センチの鈴木さんが、2メートル9センチのムルアカさんを連れて歩く。「ジャンボ」と一言、アフリカ流のあいさつをしてもらうだけで人々との距離がぐんと縮まる。2人は意気投合し、92年、ムルアカさんは鈴木さんの私設秘書になった。

鈴木さんは、ムルアカさんのことを、愛称の「ジョン」で呼ぶ。約20人いた秘書の中でも屈指の「マメさ」が買われ、大物政治家との会合でも鈴木さんは「おう、ジョン。ここに座れ」と同席させた。訪問先でおにぎりが3個出された時は、「きっちり半分ずつだ」と、わざわざ1個半に分ける。年齢も国籍も違う。「でも、一心同体の兄弟のような感覚だった」と、ムルアカさんは振り返る。

北方領土の支援事業などを巡る鈴木さんの「疑惑」が浮上し、国会が大騒ぎとなったのは、2002年のことだ。いつも隣にいたムルアカさんにも追及の目が向けられた。外交官IDの発行に関して外務省に圧力をかけた、外交旅券を偽造した——。

外務省は、圧力問題については「鈴木さんの秘書であるムルアカさんの影響があった」と問題を指摘する一方で、旅券問題は「特例として発給された旅券だった」と発表。偽造ではなかったことが後に判明した。事態は混乱を極め、2人の動向は連日、メディアで取り上げられた。

「いったん私から離れた方が、君のためだ」。02年2月、鈴木さんから告げられたムルアカさんは、約10年務めた秘書を辞めた。かけもちしていた大学講師の職も失った。

すべて無くなった

「えらい人が来ちゃったなあ、と最初は思いましたよ」。都心から電車で約2時間。神奈川県大井町上山田地区の自治会役員だった高橋和久さんは明かす。

国会での騒ぎの少し前、ムルアカさんはこの地区に自宅を購入していた。騒動後、高橋さんが訪ねてみると、長身をかがめ、沈みきっていた。とても、「悪者のアフリカ人」には見えない。日本人の妻と子供たちを抱え、途方に暮れていた。

「気晴らしにもなるから」と高橋さんが畑を貸すと、ムルアカさんは素直に受け入れた。「すべて無くなった。生きていくために何でもやろう」

乗馬クラブからもらったふんをこねて肥料を作る。雑草を刈り、土をならす。最初はトマトや大根、ほうれん草。麦や稲も育てるようになった。

こつこつと農作業を続ける姿に、遠巻きに見ていた住民たちも次第に心を開いていった。ムルアカさんは、夏祭りにはアフリカの伝統衣装で参加。地域の葬儀では喪服姿で受付係を買って出た。この間、日本に帰化し「ムウェテ武流阿加」の名も得た。

騒動から5年ほどたった頃、町の農業委員会から「農家」と認められた。富士山が良く見える場所に新しい家を建てたムルアカさん。「ここに、アフリカ文化を学べるような拠点を作りたいんだ」

資金集めや都心からの遠さを考えると、実現は簡単ではなさそうだ。それでも、高橋さんは「夢を預けても良いかな、とちょっと思ってしまうんですよね」。

秘書には戻らない

農業で生活の基盤を取り戻したムルアカさんは、大学の教壇にも復帰した。千葉科学大では、東京電機大時代に研究した医療機器の仕組みや、国際協力論を教えている。

2013年からは吉本興業に所属し、アフリカ関連の講演をしたり、現地の政府関係者と情報交換をしたり。

「支援物資を送らなくてもよいように、国の政治から変えようと考えるのがムルアカさん。アフリカにとってエンジンのようだよ」。西アフリカ・ベナンの駐日大使を務めたゾマホン・ルフィンさんは言う。

東京地検特捜部に逮捕され、あっせん収賄など四つの罪に問われた鈴木さんは10年、懲役2年、追徴金1100万円の判決が確定。衆院議員を失職し、収監された。

出所後、再び国会議員となった鈴木さんとの絆は、今も続いている。選挙があれば、駆けつけてマイクを握る。

ただ、ムルアカさんは、秘書の仕事に戻ろうとは思わない。農業をしながら若者と向き合い、母国の人々のことを考える。日本とアフリカの懸け橋になりたいという初心は、還暦を迎えた今も変わらない。が、まだ何も成し遂げていない――とも思う。

「やるべきことが、まだまだあるよ。今、学校の支援を考えていて……」

アフリカに滞在中のムルアカさんは、記者とのＬＩＮＥ通話の向こうで、陽気に、力強く語った。

（２０２２年1月9日掲載／柳沼晃太朗）

大学の教壇に立つ傍ら、アフリカ視察などを行う

20　難関400倍、「氷河期」限定採用に挑んだ44歳〈2019〉

宝塚市からの合格通知

「試験結果　合格」。2019年11月、木村直亮《なおあき》さん（当時44歳）のもとに、1通の封書が届いた。差出人は、兵庫県宝塚市人材育成課。

この年、同市は全国に先駆けて、〈就職氷河期世代〉限定の職員採用試験に踏み切っていた。1800人以上が応募したこの試験で、木村さんは合格者4人のうちの1人に選ばれた。

大学を卒業してからの20年間、6か所の職場を渡り歩いてきた。そのほとんどが非正規雇用。食べるものに困っていたわけではない。でも、日々は重苦しく、毎年春が近づくと、「契約更新してもらえるだろうか」と不安だった。

今、宝塚市の正規職員となって2年が過ぎた。「自分たちの世代に光が当たった」ことの重みをかみしめながら、木村さんは働いている。

典型的な〈就職氷河期〉の道のりを、木村さんは歩んできた。

奈良県で育ち、県立の進学校を出て、1浪して同志社大学商学部に入った。ここまでは良かった。しかし、いざ就職しようとすると、どの企業も新卒の採用が極端に少ない。木村さんは、留年までして、大学3年生からの足かけ3年、銀行、保険会社、メーカーなど「大手」とされる会社を100社ほど受けた。しかし、不採用が続いた。ある会社では、面接を受けている最中、面接官は外からかかってきた電話でずっと話し込んでいた。採る気がないことは一目瞭然だった。

同居の両親から「どうすんの」と何度も聞かれ、「言うてもしかたないやん」といら立ちながら答える日々。結局、どこにも決まらないまま、1999年に大学を卒業した。

就職氷河期世代――。バブル崩壊後、企業が新卒採用を抑制した1993～2004年頃に社会に出た世代は、こう呼ばれる。

学校を出ても、正社員として雇ってもらえない。木村さんの場合、最初に就いた仕事は、雑貨店のアルバイト。そこから、ショッピングセンターの管理会社、税理士事務所……。いずれも契約社員などの非正規雇用だった。

途中、1度だけコンビニ会社の正社員になったことがある。だが、早朝から深夜まで店舗を巡回し、休日もトラブル対応で出勤。売り上げを維持するため、自腹でケーキやお歳暮商品をいくつも買った。次第に食事もとれないほどに憔悴《しょうすい》し、3年で退職した。

10年にわたって付き合った恋人もいた。が、「先の見えない生活に自信が持てなくて」。結婚に踏み切れず、別れを告げた。

気づけば40歳代の半ば。

「氷河期というのは、静かに自分の上にのしかかってくる重しのようなもの。ひたすら1人で耐え忍ばなければならない、薄暗い世界だった」

そんな時、四つ下の妹がLINEで教えてくれた。兵庫県宝塚市が、なんと自分たち「氷河期世代」だけに的を絞って、正規職員の採用試験を実施するという。

「自分たちの世代は、忘れられていなかった！」

2019年の夏、木村さんは試験に応募した。

母親の訴え

全国的にも例のない「氷河期採用」を、宝塚市はどうやって思いついたのか。

「きっかけは、スーパーでの立ち話だったんです」と、19年当時の市長、中川智子さんは明かす。

その日、中川さんは近所のスーパーで長男の同級生の母親にばったり会った。そこで、「息子が40歳すぎてもまだ契約社員なの」と泣きながら訴えられた。

親にとって、大人になったわが子が社会保険の枠組みにも十分に入れず、不安定な身分のまま年を重ねていくことほどつらい状況はない。母親の訴えは、自身も2人の子供を持つ中川さんの身にしみた。

「日本の社会って、やっぱり新卒雇用がメイン。たまたま氷河期に当たり、最初に非正規雇用になってしまうと、次もずっと非正規のまま。浮かび上がれない構造になっているんです」

さらに根深いのは、氷河期世代の人たちは、自分から「大変です」「困っています」という声を上げないことだと、中川さんは思った。非正規雇用で働く身では、不満を言えば来年の契約が更新されないかもしれない――という不安と常に隣り合わせだ。

「雇ってもらっているだけでありがたいと思え、という空気に支配されていた。だから余計に問題が浮かび上がってこない」

何とかしたい。でも、地方の一自治体に何ができるだろう。悶々《もんもん》と考えていたある日、お風呂に入っていて突然、ひらめいた。「そうだ、採用すればいいんだ!」

翌朝、すぐに市幹部らを市長室に呼んで「氷河期採用」を相談した。

「なるほど、それは一番効果があるやろな」。その場に呼ばれた井上輝俊副市長は直感した。氷河期世代の就職難を巡っては、国も資格取得の支援などを行っていたが、国と同じことをやっても仕方がない。採用なら、市の直球勝負でやれる。

「やりましょう」。井上さんは即答した。

反響はすさまじかった。19年7月に市が「氷河期採用」を発表すると、わずか3人の採用枠に、北海道から沖縄まで1816人の応募が殺到。親世代からの問い合わせも多く、電話口で何時間も泣きながら子の境遇を訴える人も1人や2人ではなかった。当初3か所を予定していた筆記試験の会場は、10か所に増設。当日はどの会場も、受験者であふれかえった。

筆記試験には予想を大幅に上回る受験者がつめかけた

履歴書に別紙

筆記試験を通過して面接に進んだ木村さんは、ほかの受験者の様子を見て驚き、妙に納得し、そしてほんの少し連帯感も抱いた。

元気でハキハキしている人は少ない。白髪まじりの人もいて、「自分も含め、みんな年いって、どこか疲れていた」。どの人も、今の生活を変えたいともがいているように思えた。

採用を担当した市人材育成課の戸井俊介課長によると、履歴書に「別紙」を付けてきた人が多いという。

「過去の職歴を書くだけで欄がいっぱいになるし、自己アピールを書いてくる人もいる。ああ、不安定な身分で長く苦労してこられたんだな、必死で生きてきたんだなと感じました」

最終面接で、木村さんはこれまでの苦労は語らなかった。自分よりもっと苦労している人は多くいると思ったからだ。代わりに、木村さんは「困っている人の話を聞きながら、問題解決をしていきたい」と伝えた。

受験者1635人に対し、合格者は当初の予定より1人多い4人。約400倍の狭き門を、木村さんは突破した。

最終面接まで残ったメンバーの中に、原わかささんがいた。離婚して2人の息子を育てるシングルマザー。19年の試験では不合格だったが、めげずに翌20年も受験し、見事合格した。

「氷河期世代って、挫折を味わっているから折れない強さがあるんです。私たちの世代に目を向けてくれた宝塚市の温かさに感激して、ぜひ働きたいと思った」

現在は教育委員会で転校手続きなどを担当する原さん。「新卒には新卒の良さがあると思うけど、私たちは中年なので、子育てや介護を経験している人も多い。生活に密着した仕事には向いているんじゃないかな」と前向きだ。

原さんよりも一足先に宝塚市の職員となった木村さんは、20年1月、生活困窮者を支援する部署に配属された。

ニュースで木村さんの顔を知る市民も多い。生活に困り、市役所を頼ってきた人から、「何が氷河期採用や！」とどなられたこともある。木村さんは根気よく話を聞いた。

長い時は2時間以上。人と衝突せず、愚痴を言わず、問題の所在を見つけて解決策を探り、黙々と実行する。思えばこれも、20年にわたる「不安定生活」で身につけたスキルといえるかもしれない。

人生経験で得た力

当時の上司だった西面幸之助・市生活援護課長は「うちの課の廊下に丸テーブルがあって、そこで延々と市民の話を聞いているんですよ。とても丁寧で、でもおどおどせず、最後は相手が納得して、『ありがとう』と帰って行く。あれが人生経験の差なのだと思った」と振り返る。

この〈聞く力〉が買われて、木村さんは昨年6月からは新型コロナウイルスのワクチン担当を任されている。「早くワクチンが打ちたいのに！」といったクレームの電話に

宝塚市職員として働く木村さん。「聞く力」に定評がある

もまず聞き入り、市ができる対応を説明する。

そばで見ていた山添真澄係長は「市役所は、市民の声を聞くことが一番大事な仕事。木村さんはどの部署でも即戦力になれる」。

年度をまたいで、先の予定が立てられる職業を聞かれた時、躊躇《ちゅうちょ》せずに答えられる——。日々の生活のふとした瞬間に、木村さんは「正規雇用になった」と実感するという。

もちろん仕事は楽ではない。残業もある。「でも、以前とは疲労感が違うんです」。これまで、休日はオンラインゲームにのめり込んで引きこもっていたが、最近はテニスで体を動かすようになった。気持ちが、前を向いている。

「自分が順調にいかなかったからこそ、仕事があるのが当たり前じゃないと分かる。その感覚は大事にしたい」。経験豊富な新入職員として、木村さんは今日も、市民の声に耳を傾ける。

氷河期採用の広がり

2019年に宝塚市が全国に先駆けて始めた「就職氷河期採用」はその後、各地に広がった。中川智子市長（当時）が知り合いの首長らに「片っ端から電話をかけてお願いした」といい、同年10月には、隣接する三田市が、12月には兵庫県が募集を開始。国でも、同月から厚生労働省が募集をして以降、国家公務員の氷河期採用が増えた。

総務省などによると、20年度だけでも、氷河期世代に限定した試験で、地方では184自治体・677人を採用。国家公務員では199人が採用されたという。

（2022年3月13日掲載／白井亨佳）

21　熊谷6人殺害事件　妻と娘を失った42歳〈2015〉

立ち入り禁止のテープ

2015年9月16日。この日を境に、加藤裕希さんの心は止まった。

この日、仕事を終えて家に帰ろうとしたら、自宅の周囲一帯に警察の「立ち入り禁止」のテープが張られていた。

2階の長女の部屋に明かりがついているのが、遠くから見えた。「どうしたんだろう、普段なら夕食前のこの時間は1階にいるのに」。妻に何度も電話したが、つながらない。まさか家の中で家族全員が殺されていたとは、加藤さんは「1ミリも想像していなかった」。

警察署で妻の美和子さんと、長女の美咲さん、次女の春花さんが心肺停止と告げられ、後に亡くなったと知る。何が起きたかのみ込めないまま、ただ漠然と、「今日から一人になるのか」という思いが頭に浮かんだ。

「死なないように、生きてきた」。加藤さんはそういう言葉で、この7年を表現した。

埼玉県熊谷市で、妻と娘2人とともに家族4人で暮らしていた。2階建ての自宅を建てたのは次女が小学校に上がる頃。それから1年半後、15年9月に事件は起きた。

のちの裁判で認定された事実によると、ペルー国籍のナカダ・ルデナ・バイロン・ジョナタン受刑者（36）は、同年9月13日、市内の民家に立ち入っていたところを見つかり、事情聴取のために地元の警察署に連れて行かれた。しかし、喫煙のために外に出た隙に逃走。9月14日から16日にかけて民家3軒に侵入し、男女6人を殺害して現金などを奪った。その3軒目が、加藤さんの家だった。

家の中でナカダ受刑者は、加藤さんの妻の美和子さん（当時41歳）、長女・美咲さん（同10歳）、次女・春花さん（同7歳）を刃物で殺害した。そして、自分の腕を切りつけた後に2階から転落し、警察に確保された。

仕事から一人戻った加藤さんは警察で長時間説明を受けたが、ほとんど覚えていない。

ただ、司法解剖を終えた妻と娘たちの遺体に対面し、まるで眠っているように目を閉じる3人を見て、「本当に死んでしまった」と認識した。その場で泣き崩れた。

埼玉県の東武動物公園で。左から美和子さん、春花さん、美咲さん、裕希さん〈加藤さん提供〉

妻の美和子さんは、芯が強く、思いやりが深い人だった。娘たちが生まれて夜泣きしても、「赤ちゃんはそういうものよ」とイライラしない。しっかり者の美和子さんは、万一に備えて「エンディングノート」も作っていた。そこには「結婚してくれてありがとう」と書かれていた。

娘2人の名前を考えたのも妻だった。1月生まれの美咲さんと、3月生まれの春花さん。2人合わせて、〈寒い冬を乗り越えて力強く芽を出し、やがて美しく咲く春の花になる〉という思いが込められていた。

その名の通り、仲の良い姉妹に育ってくれた。長女の美咲さんは、母に似て「自分が我慢して他人に譲る」タイプ。次女の春花さんとゲームの取り合いになると、いつも譲ってあげた。元気いっぱいの春花さんは服も靴も、姉とのおそろいをねだった。

家の食卓ではそれぞれの席が決まっていて、加藤さんから時計回りに美咲さん、春花さん、そして美和子さん。「いろんな話をしたけど、何か特別な話題を覚えているわけじゃない。毎日毎日、ただ一緒にいて、普通に生活して、それが当たり前だったから」

事件の後、加藤さんは、テレビは一切つけず、スマホの電源も切ったまま過ごした。どうにか告別式を終え、事件から１か月が過ぎた頃。警察官に付き添われて、初めて自宅に入った。壁紙は張り替えられ、清掃も済んでいた。しかし、３人が殺された現場であるこの家には「正直、もう住めないだろうな」と思った。

それなのに、翌日から毎日のように、加藤さんは、当時身を寄せていた実家から自宅に通い続けた。家の中を片付けたり、ただぼう然と過ごしたり。少しずつ、自宅にいる時間をのばしていくうちに、気持ちが変わってきた。

「自分がこの家から出てしまうと、３人の帰る場所がなくなる」。事件から２年余りが過ぎた頃、加藤さんは再び自宅で暮らし始めた。

もしも「家にいたら」

化学メーカーの工場に勤める加藤さんは、事件の日は日勤だった。「もし夜勤明けで家にいたら」。どうしても、考えてしまう。

最初に美和子さんが殺害され、その後に娘たちが殺されたようだった。妻は娘たちを守ろうと必死で戦ったに違いない。娘たちは、どちらかが殺される様子を目の当たりにしただろうか。どれほどの力で刺され、どんなに痛い思いをしたか。きっと、「パパ助けて」と叫んだはずだ。

もし自分が家にいたら、侵入者に気づき、家族を助けられたかもしれない。結果的に全員殺されたかもしれないが、一人残って生きるよりもその方が良かった。

事件を真正面から受け止めると、気が狂いそうになる。だから、3人のことを考えたいのに考えないようにする。相反する気持ちに挟まれ、そこでまた追い詰められる。

「そもそも人間がいるからこんなことが起きる。人類が滅亡すればいいのに」――。埼玉県嵐山町の僧侶、斎藤寂静さんにたどり着いたのは、そんな破滅的な考えにとらわれていた頃だった。

かつて看護師として人の生死に接してきたという斎藤さんは、悩み相談の活動を細々と続けていた。インターネットで斎藤さんを見つけた加藤さんは、思わず「助けてください」と電話をかけ、その翌日には直接会って「人生を終わりにしたい」と声を絞り出した。

「生きていくことの方が、どれほど残酷か」。加藤さんが抱える苦悩の深さに、斎藤さんは言葉を失った。「加藤さんを少しでも生きやすくできるかどうかが、私の課題になった」という斎藤さんは、１～２か月に１度は顔を合わせ、夜中の電話もＬＩＮＥのメッセージもすべて受け止めた。

３人の遺品が県警から返却された際も、斎藤さんは引き取りに立ち会った。３人が身につけていた服やエプロン、靴……。「警察官から説明を受ける加藤さんがあまりに辛《つら》そうで、見ていられなかった」。加藤さんの気持ちの整理がつくまで、斎藤さんは遺品を預かっている。

「逮捕されても構わない」

事件の刑事裁判は、分からないことだらけだった。ナカダ受刑者（当時は被告）の弁護側は「犯行時は統合失調症で、責任能力がなかった」などと主張。法廷では、動機も、家の中の状況も、詳しくは語られなかった。

裁判で加藤さんの代理人に就いた上谷さくら弁護士によると、加藤さんには「表情がなかった」という。「家族を失って喪失感のようなものがあったのか、感情がまひしてしまったのか……」

そんな加藤さんが、怒りで全身を震わせて声を荒らげたことがある。

1審の裁判員裁判では被告に責任能力があるとみて死刑判決が出されたが、19年12月の2審で破棄され、「責任能力が限定される心神耗弱の状態だった」と無期懲役になった。この2審判決も耐えがたかったが、その後、検察が「上告しない」と決めたことに、加藤さんは愕然《がくぜん》とした。上告理由が見いだせないという。

被告は3人を殺害後、それぞれの遺体をクローゼットに隠している。「責任能力に問題があったとは思えない。なぜ、裁判で真実を追求してくれないのか」。1時間以上にわたり、加藤さんは担当検事とその上司に「自分の家族が同じことをされても、そんな

今も事件当時の自宅で暮らす加藤さん

対応ができますか」と訴えた。しかし、検察の結論は変わらなかった。

最終的に、ナカダ受刑者の無期懲役は確定した。「今でも諦めがつかない」と加藤さんは言う。「司法が死刑にしないのなら、自分がこの手で殺すしかないとも思う。それで逮捕されても構わない」

真実を解明できなくて、「最低限の報いと償い」である死刑にできなくて、本当にごめん——。何度も何度も、加藤さんは３人の遺影に手を合わせた。

どうすれば３人の死と向き合えるのだろう。加藤さんはそう自問しては、「答えは見つからない」と思う。３人が生きて帰ってくるしか解決策はないのに、それはないと分かっている。

事件前からの趣味だった自転車に乗り、長距離を走ると、気持ちが少し晴れることもある。だが、「何をやってもすっきりしない」。

心を開けた相手

犯罪被害者の遺族の集まりに参加したこともある。でも、事件で家族の誰かを失っていても、「全員」という人は少ないことに気づく。「あなたには奥さんがいますよね、子どもが残っていますよね――と思ってしまう。家族全員を殺された自分とは違う、と」。人それぞれに苦しみがあり、比べても仕方がないと頭では理解していても、羨むような気持ちを拭いきれない。

唯一、心を開くことができたのが、山口県光市の母子殺害事件の被害者遺族である本村洋さんだった。事件後、仕事に復帰できず葛藤していた加藤さんは、本村さんから「頑張れなくて当然です」と言葉をもらい、気持ちが楽になったという。

「ご家族を守れなかったと悔やむ中で、懸命に生きようとしている加藤さんの姿が伝わってきた」と本村さんは振り返る。加藤さんはその後、もとの仕事に復帰した。

無力感にさいなまれながらも、加藤さんは自分にできることを探し、今日まで生きてきた。埼玉県を相手取って起こした訴訟もその一つだ。

事件は、警察署から逃走した人物が３軒の家で次々と引き起こした。もし県警が周辺住民らに適切な情報提供をしていれば、戸締まりを徹底するなどして被害を防げたかもしれない――。そんな思いで、加藤さんは提訴した（１審判決は、２０２２年４月15日に言い渡され、「県警の対応は不合理とはいえない」として請求を棄却された。加藤さんは控訴した）。

加藤さんが実名を明かして取材を受けるのは、今回が初めてとなる。真実が明らかにならない中、「せめて自分の存在をかけて、３人の無念さを訴えたい」という。

今も加藤さんは、家族で暮らしたあの家に住み続けている。ふとした瞬間に３人の笑顔がありありと思い出されて胸がつぶれそうになる。それでも、３人の魂が帰ってくる場所はここしかない。這《は》いつくばって生きて、自分が守るしかないと思っている。

（２０２２年４月10日掲載／スタッブ・シンシア由美子）

22 赤ちゃんポストに預けられた、想定外の男児〈2007〉

「ゆりかご」に救われた

赤ちゃんポストに入っていた瞬間のことは、よく覚えていない。ただ、「扉のようなもの」の映像が、ぼんやりと頭に残っているだけだ。

2007年5月、熊本市の慈恵病院に「こうのとりのゆりかご」と呼ばれる赤ちゃんポストが開設された。〈ぼく〉はそこに預けられた。

成長とともに、「ゆりかご」は実の親が育てられない子どもを病院が預かる仕組みだと知った。そこには、「子捨てを助長する」という批判があること、これまでに159人が預けられたということも。

この春、〈ぼく〉は高校を卒業した。この機にゆりかごのことを語ろうと思う。159人の1人として。そして、匿名ではなく、〈宮津航一〉として。

「ゆりかごがあって、自分は救われた。当事者だからこそ、『ゆりかごから先の人生も大事だよ』と伝えたい」

ナースステーションのブザーが鳴って看護師らが駆けつけた時、その幼い男の子は、新生児用の保育器の上にちょこんと座っていた。

熊本市の慈恵病院にできた赤ちゃんポスト「こうのとりのゆりかご」。病棟1階にあるその扉の中で、宮津航一さんは発見された。

誰に連れてこられたのか、分からない。青いアンパンマンの上着を着て、時折、笑顔も見せたという。

「ゆりかご」は、様々な事情で子どもを育てられない親が、人に知られず、病院に子どもを託す仕組みだ。

病院としては、預け入れられるのは「赤ちゃん」を想定していた。ところが、航一さんは、身長約1メートル、体重は14キロ。話しかければ受け答えもできる幼児であり、ちょっとした「想定外」の事態だった。

安倍首相も懸念

熊本県内では、05年から06年にかけて、乳児の置き去りや、出産後に放置して殺害する事件が相次いだ。

なぜ救えなかったのか。このまま何もしないでよいのか——。

産婦人科医で、当時の慈恵病院の理事長だった蓮田太二さん（20年に死去）は考えた。ちょうど04年にドイツの赤ちゃんポスト「ベビークラッペ」を視察したばかり。太二さんは「日本版赤ちゃんポストを作ろう」と決意し、06年12月、ポスト設置のための施設の用途変更を市保健所に申し出た。

太二さんの長男で、現在の理事長・健《たけし》さんによると、病院がこだわったのが、親の「匿名性」だった。

「事件になるようなケースでは、妊娠・出産を『周りに絶対に知られたくない』という事情を抱えた人が多い。秘密を守り通すことで、赤ちゃんを殺したり遺棄したりせず、『預ける』という選択肢を作りたかった」

しかし、世間の反発は大きかった。「安易な子捨てを助長する」「子どもの出自を知る権利はどうなるんだ」——。当時の安倍首相も、記者団に「大変抵抗を感じる」と懸念を示していた。

それでも、翌07年4月、熊本市は子どもの安全確保などを条件にポストの設置を許可した。この時、市長だった幸山政史さんは「ギリギリまで悩んだ。最後は『救われる命があるのなら』と、願いを込めて決断した」と話す。

ゆりかごは、小さな扉を開けると赤ちゃんを置けるようになっている。そこには「お父さんへ　お母さんへ」という手紙も添えられ、悩みながらもここまで来てくれたことに感謝し、「秘密を守るので連絡をください」などと書かれているという。

開設は07年5月10日。初年度に預けられたのは航一さんを含め17人にのぼった。

「天使がやってきた」

航一さんは、病院から児童相談所（児相）に移された。その数か月後、熊本市でお好み焼き店を営んでいた宮津美光さん、みどりさん夫妻の「里子」に迎えられた。

夫妻には5人の息子がいる。自分たちの子育てが一段落しつつあった07年、「今度は里親になってみよう」と登録したところ、児相から「3歳ぐらいの子を預かってみませんか」と打診された。それが、航一さんだった。

3歳児と聞いて、美光さんは「そんな小さい子、大丈夫かな」と戸惑った。それでも、「かわいいに決まっとったい」というみどりさんに背中を押され、児相に赴いた。対面した瞬間、美光さんは「もう心配せんでええよ」と幼い航一さんをそっと膝の上に抱き上げていた。「天使がやってきた」と、夫妻は思ったという。

航一さんを家に迎えた夫妻は、1日1回は抱っこして、夜は川の字で寝た。ニコニコとよく笑う航一さんだったが、夫妻がそれとなく実の両親について聞くと、体中に電気が走ったように固まってしまった。預けられた時、赤ちゃんではなかっただけに「ゆりかご以前」の記憶を抱えていた。

「言葉じゃうまくいえないけど、小さいなりに色々と感じているんだなと思った」。みどりさんは語る。

当時、宮津家の五男は高校生。そのお兄ちゃんに優しくしてもらったり、「100均」に行っておもちゃを買ってもらったり。普通の暮らしを重ねていく中で、航一さんは夫妻を「お父さん」「お母さん」と呼ぶようになった。テレビでゆりかごが報じられると、「ぼく、ここに入った」と屈託なく言った。

一方で、実の親の情報はないまま。児相の担当課長だった黒田信子さんは「必死に捜そうとしたが、手がかりがなかった」と振り返る。法律の上では、航一さんは「棄児（捨て子）」となり、熊本市が新たに戸籍を作った。

「航一」という名前も、市が付けたものだ。美光さんはこの名に、「広い海を渡る一艘《そう》の船のように、力強く生きてほしい」との願いが込められていると解釈した。成長し、その意味がわかるようになった航一さん本人も、この解釈をすごく気に入った。

本当の名前が分かった

「ゆりかご以前」のことが突然判明したのは、小学校低学年の頃だ。航一さんの親戚にあたる人物が、「自分が預けた」と名乗り出た。自責の念に駆られたという。

この親戚は、ゆりかごの扉を開けた人しか持っていない「お父さんへ　お母さんへ」の手紙を持っていた。間違いなかった。

この出来事により、航一さんの本当の名前が分かった。正しい年齢は推定していたものとほぼ同じ。そして、航一さんの実の母親が、航一さんが生後5か月の時に交通事故で亡くなっていたという重大な事実も分かった。

「空っぽだったものが埋まったというか、『ああ、そうだったんだ』って分かって、気持ちが晴れた」

生後5か月といえば、航一さんがゆりかごに預けられるずっと前だ。実父のことは分からない。しかし、少なくとも実の母は、自分を捨てたわけではなかった。

その年の夏休み、航一さんは東日本の寺にある実母の墓を訪ねた。「お骨代わりに」と、そばにあった滑らかな黒い石を大切に持ち帰った。

生前の実母の写真も手に入った。「どんな人なんだろう」と想像していたその母は、自分と同じようにゆるくウェーブのかかった髪をして、優しい笑みを浮かべていた。

ゆりかごより前の人生が分かった航一さんは、「ゆりかご以降」の日々をはつらつと生きている。

中学・高校では陸上部に入り、100メートルで「11秒の壁」を破るべく練習に明け暮れた。高3の時、ついに自己ベストの「10秒96」を記録。高2の冬には、宮津さん夫妻と正式に養子縁組した。

宮津家では、航一さんの後も多くの里子を受け入れてきた。そうした環境もあって、航一さんは昨年から、「子ども食堂」の活動に熱中している。熊本市内の教会で月1回、地域の子どもたちに昼食を用意したり、一緒に遊んだり。「子どもにとって、居場所ってとても大切だと思うから」

ゆりかごに預けられた当時の看護部長だった田尻由貴子さんは、航一さんが高校生の時に手紙をもらっている。「他者の幸せのため何ができるのか考えていきたい」と書かれていた。田尻さんは「宮津さん夫妻が航一君を人として尊重し、大切に育ててくれたことが、今の彼につながっている」と思う。

「実例として」語る決意

18歳になった航一さんは、高校を卒業した今春、大きな決断をした。自分の名前を明かし、ゆりかごについて語っていくことにした。

「どんなに時間がたっても、賛否両論はあると思う。ただ、僕自身はゆりかごに助けられて、今がある。自分の発言に責任を持てる年齢になったので、自分の言葉で伝えたい」

預けられるまでの期間に比べたら、それから先の人生のほうがずっと長い。一番言いたいのは、「ゆりかごの後」をどう生きるか、だ。

真っすぐな航一さんの決意は、ゆりかごを巡る様々な声を受け止めてきた慈恵病院の蓮田健理事長から見ると、批判対象となって傷つかないか、心配な面もある。「でも、本人が考えた末に決めたこと。見守ろうと思います」

4月から熊本県内の大学に進学する航一さん。社会や福祉、そして政治も、広く学びたい。あの時、首相の一言で世論が左右された。市長が決断しなかったら、ゆりかごは始まらなかった。世の中は、いろんな所で繋《つな》がっている。

「僕にできるのは、預けられた実例として自分のことを語ること。親子の関係がしっかりしていれば、『ゆりかご後』はこんなふうに成長するよって、知ってもらいたい」。発信する覚悟を、口にした。

慈恵病院によると、2020年度末までに「こうのとりのゆりかご」に預けられた子どもは計159人。08年度の25人をピークに11年度以降は10人前後で推移し、20年度は4人だった。

熊本市の専門部会の検証報告書によると、19年度までに預けられた155人のうち、身元が分からないままの子どもは2割（31人）。実の親が分かっても、もとの家庭に戻らない子どもは多く、育ての親と特別養子縁組をしたり、施設や里親家庭で養育されたりするケースが目立つ。

慈恵病院では思いがけない妊娠などに悩む人向けの無料電話相談も実施しており、20年度は7001件に上った。大半が熊本県外からという。

（2022年3月27日掲載／伊藤崇）

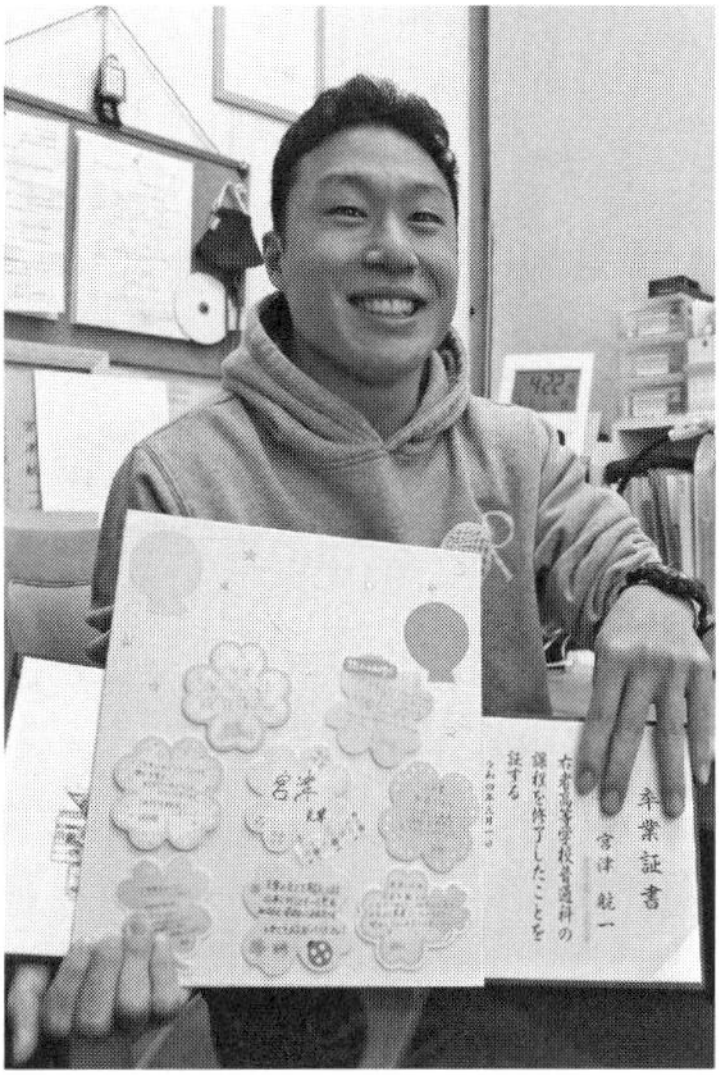

卒業証書を手にした航一さん

ゆりかごに預けられた時の服や靴

おわりに

取材というのはやってみないと分からないものだと、つくづく思います。取材対象者には、先入観を持たずに率直に話を聞くのが基本ですが、そうはいっても、記者としては、多少は「おそらくこう思っていたのではないか」「今はこう感じているだろうな」と想像してみることはあります。が、実際に話を聞いてみると、大抵の場合、そんな想像はあっさりと裏切られて、「え？」と思うような意外さや、時には記者が容易に相づちを打てないような、心の深淵に触れることもあります。

各回で採り上げた人たちの「その後の人生」は、必ずしも笑顔に満ちた、順風満帆なものばかりではありません。その後も様々な葛藤や苦悩を抱えて生きておられるケースもあります。自分の留守中に家族が殺人事件に巻き込まれ、自分以外の家族全員を一度に失った加藤裕希さんは、怒りと絶望が交錯する日々の中で、初めて実名を明かして取材に応じ、記者にこう言いました。

「同じように殺人事件で家族を失った人でも、誰か1人でも別の家族が生き残っていれば、『羨ましい』と思ってしまう」

予想もしない告白でした。私たちはこれまでも犯罪被害者遺族を取材する機会はありましたが、まだまだ理解できていなかったのだと気づかされました。遺族同士だからといってすぐにわかり合えるわけではない。加藤さんが心の底から絞り出した正直な言葉に触れ、その慟哭の深さを知り、そのまま記事にしました。

この本のもとになった読売新聞の人物企画「あれから」には、有り難いことに毎回、読者の皆さんから多くの反響をいただきました。ご自分の経験に照らし、登場人物の心情に寄り添ってお手紙をくださった方、メールで執筆記者を激励してくださった方。インターネットのブログで感想を発信してくださったり、ツイッターなどのSNSで多くの人々に記事を広めてくださったりした方もたくさんいました。

読者の皆さんの心に記事が届いたのは、何よりもまず、各回の主人公となる方々が、うまくいかなかったことも、苦しかったことも、複雑な感情も含めて、率直な思いを記者に吐露してくださったから、に尽きます。新聞のニュースになるような特異な出来事に遭遇した当人が、自分の言葉で心の内を語り、実際に今を生きている。そのリアルな重みが、響いたのだと思います。

主人公の皆さんは、時には何時間も続けて、あるいは何回にもわたって、話をしてくださいました。大切な手紙や資料、写真も提供してくださいました。取材に惜しみないご協力をいただいたこと、この場をお借りして深くお礼を申し上げます。

そして、その主人公をよく知る周囲の方々、「あのニュース」の現場に居合わせた方々も、親身になって当時のことを思い出し、主人公に心を寄せ、正確な証言を寄せてくださいました。この周辺の方々の証言があるからこそ、主人公の言葉や生き様に深みと彩りが増したことは間違いありません。心よりお礼を申し上げます。

「あれから」は、1面に冒頭部分を載せ、中の特別面を1ページ全部使って物語を展開するという、読売新聞にとっては異例の大型企画でもありました。取材・執筆をしたのは社会部記者が中心ですが、写真部のカメラマンは毎回、構図を考え抜いて主人公の「今」を切り取り、紙面構成を手がける編成部のメンバーも、何度も見出しを練り直し、記事と写真のレイアウトを凝らしてくれました。

いわば毎回、総がかりで紙面を作っていただいたわけですが、この紙面に早い段階で注目してくださり、書籍化を企画してくださった新潮社の門文子さんをはじめ、関係者の方々に改めて感謝を申し上げます。1冊の本となり、また多くの読者の皆さんに一つひとつの物語を読んでいただける幸運を取材班一同、かみしめています。

「あれから」は現在も、読売新聞朝刊で掲載が続いています。今後も皆さんの心に届く紙面作りを心がけます。本書とともに、引き続き注目していただければ幸いです。

記者略歴

山で「13日間」の死線をさまよった30歳

福益　博子（ふくます・ひろこ）　２０１３年入社。初任地のさいたま支局で山の魅力にふれ、登山が趣味になった。「両神山で13日も生き延びるなんて」と驚き、多田さんを取材。山の恐ろしさと、人間の生命力の凄さを実感した。多田さんの話には教訓が多い。登山は楽しいが、十分に注意して遭難を防いでほしいと願う。30歳。

日本初の飛び入学で大学生になった17歳

朝来野　祥子（あさくの・さちこ）　１９９９年入社。東京社会部や教育部で教育分野を長く担当し、教科書問題や大学改革などを取材してきた。佐藤さんの歩みを追いながら、日本の研究体制について改めて考えさせられた。その一方で、今も家庭教師という形で「物理」にかかわり続ける佐藤さんの前向きな姿に元気づけられる取材でもあった。

「キラキラ」に決別、「王子様」から改名した18歳
多摩川の珍客「タマちゃん」を「見守る会」

林　理恵（はやし・りえ）　２００８年入社。東北総局などを経て東京社会部に。子どもの名付けに悩んだ経験から「王子様」に関心を持ち、街の話題を追いかけていた経験から「タマちゃん」を知りたいと思った。会社の机には、タマちゃんを見守る会のメンバーにもらったぬいぐるみを飾る。20年から生活部で料理や子育て施策を取材している。

「演技してみたい」両腕のない、19歳の主演女優

坂本　早希（さかもと・さき）　映画公開から10年後に生まれた。サリドマイド薬害のことは中学校の授業で知る。２０２１年夏には東京、22年冬には北京でパラリンピックが行われ、出場した選手が競技を楽しむ姿と、試合後に「家族の支え」を口にしていた様子を見て、幼少期ののり子さんとお母さんのことが目に浮かんだ。28歳。

延長50回、「もう一つの甲子園」を背負った18歳

蛭川　裕太（ひるかわ・ゆうた）　２０１３年入社。春夏合わせて3度、甲子園で取材したが、軟式野球は今回の取材を通して初めてその魅力を知った。高校から大学まで陸上競技部で、フルマラソンを走った経験もあるが、延長50回を戦い抜いた松井さんたちの精神力の強さには脱帽した。31歳。

断れなかった——姿を現したゴースト作曲家

山下　智寛（やました・ともひろ）　２０１４年入社。中部支社などで警察や行政を担当。その後、東京社会部の武蔵野支局の所属となり、管内に新垣さんが非常勤講師を務める桐朋学園大があったことなどから今回の取材を担当した。高校時代に文化祭でバンドのボーカルをつとめたが、楽譜は読めない。新垣さんの才能に触れ、感激した。36歳。

福島の山荘を選んだ原子力規制委員トップ

田中　文香（たなか・あやか）　２０１２年入社。北海道支社、東京社会部を経て、社会保障部で福祉を担当する。福島県飯舘村の田中さん宅では記事の掲載後、原木シイタケが育った。田中さんは毎春、山荘を訪れる客人たちに村でとれた山菜の天ぷらをごちそうしているという。長泥地区では除染土を再利用した土で花の栽培が進んでいる。31歳。

3年B組イチの不良「加藤優」になった17歳

波多江　一郎（はたえ・いちろう）　２００９年入社。前橋支局を経て、東京社会部で行政や教育問題などを取材した。「金八先生」は中学生の時に放送された第5シリーズ以降は欠かさずテレビで見ており、第２シリーズは取材を機に全回視聴した。今、舞台などで活躍する直江さんを応援している。33歳。

松井を5敬遠、罵声を浴びた17歳

大井　雅之（おおい・まさゆき）　２０１４年入社。大阪・履正社高校の野球部出身で、08年春の選抜高校野球大会では、甲子園のベンチでスコアブックをつけた。今回、「あの5連続敬遠」を自分なりの視点で追いかけ、関係者に取材ができたことに感激している。改めて、「勝ち負けだけで表せないのが人生だ」と実感している。29歳。

この野郎、ぶっ殺すぞ――「大罪」を認めた検事

石原　宗明（いしはら・ひろあき）　２０１１年入社。前橋、立川両支局で事件や行政取材を担当し、17年から東京社会部。冤罪事件に関心を持っている。医療・福祉分野にも興味があり、東京パラリンピックの取材も担当した。市川さんへの取材を通じ、捜査当局からの情報を鵜呑みにせず、多方面への取材を尽くす大切さを痛感した。37歳。

説得失敗、爆風で吹き飛んだ事件交渉人

藤井　有紗（ふじい・ありさ）　２０１6年入社。中部支社で愛知県警を担当し、拳銃を持った男がマンションに立てこもる事件などの取材に走り回った。小西さんのことも警察担当時代に知る。立場や考え方によって事件の評価は異なること、市民の安全を守るために警察組織が試行錯誤を繰り返していることを知った。28歳。

「私は誰？」戦後日本に取り残された「碧眼」の6歳

田辺　里咲（たなべ・りさ）　２０１２年入社。東北総局で東日本大震災などを取材し、その後東京社会部に配属。江東支局で葛飾区を取材していた頃、区役所でマリアンヌさんと出会う。掲載後、30年前にマリアンヌさんのルーツ探しに協力したという人からも連絡をいただいた。「私は誰？」を探し続けた年月の長さを改めて感じた。32歳。

7度目の逮捕、マラソン女王の「秘密」

杉本　和真（すぎもと・かずま）　２０１５年入社。秋田支局を経て20年から東京社会部に在籍し、司法を担当している。記事掲載後、原さんからランニング教室でコーチを務めることになったと連絡をもらった。「今は心の底から笑える毎日。良かったこと、悪かったこと全ての経験を指導に生かしたい」と弾む声に心が温かくなった。28歳。

日本人初の宇宙飛行士になれなかった26歳

中瀬　有紀（なかせ・ゆき）　２０１６年入社。松江支局、京都総局を経て大阪社会部。幼い頃に住んだ北九州市で、スペースシャトルの模型があるテーマパーク「スペースワールド」（現在は閉園）がお気に入りだった。菊地さんに影響を受けてロシアの芸術や文化に興味が出てきた。29歳。

「火の中を通れ！」貿易センタービル勤務の44歳

米山　理紗（よねやま・りさ）　２０１４年入社。国際部を経て東京社会部。米同時多発テロ発生時は小学5年生。テレビ中継を見て衝撃を受け、国際報道への関心が芽生えた。黒煙を上げるビルを見て、父親が「これは大変なことになる」とつぶやいたのを記憶している。久保津さんの取材を通して、テロの凄まじさと極限の判断の重要性を改めて知った。31歳。

名回答がベストセラーに「生協の白石さん」

田村　美穂（たむら・みほ）　２０１２年に入社し、警察や下町の話題を取材。白石さんの記事を掲載した後、厚生労働省の担当になり、新型コロナウイルスや医療などの記事を書く。白石さんに上手な記事の書き方を尋ねたら「ソフトな記事、ハードな記事。いずれもパンの生地同様、真心でこねていただければ幸いです」とアドバイスを頂いた。33歳。

三沢光晴さんに「最後」のバックドロップを放ったプロレスラー

沢村　宜樹（さわむら・よしき）　２００2年入社。中部支社で警察や街の話題を取材。岐阜支局時代にプロレス関係者を取材し、その魅力にはまった。斎藤さんの熱いファイトにもくぎ付けとなり、最近は、ユーチューブの「プロレスリング・ノア公式チャンネル」で紹介されている斎藤さんの必殺技や見せ場を集めた動画を見るのが楽しみ。42歳。

アフリカから来た、最も有名な国会議員秘書

柳沼　晃太朗（やぎぬま・こうたろう）　２０１１年入社。鈴木宗男さんの地元で、ムルアカさんも何度も訪れたという北海道十勝地方生まれ。「騒動」の頃は中学生だった。今回、その渦中にいたムルアカさんに話を聞いてみると、今も変わらずにアフリカの今後に情熱を燃やしていることが分かり、自分もアフリカに関心が出てきた。33歳。

難関４００倍、「氷河期」限定採用に挑んだ44歳

白井　亨佳（しらい・きょうか）　２０１６年入社の「ゆとり世代」。横浜支局で主に警察を取材した後、育児休業に入り、21年から東京社会部に。検察担当となり、仕事と子育てのやりがいと難しさに直面する中で、木村さんの歩みを取材。改めて氷河期世代の人たちの苦労とそれを乗り越えるための努力、社会の構造を学んだ。29歳。

熊谷６人殺害事件　妻と娘を失った42歳

スタッブ・シンシア由美子（ゆみこ）　２０１７年入社。さいたま支局で県警・司法を担当し、熊谷６人殺害事件の裁判を通じて加藤さんを取材してきた。今回の取材にあたり、加藤さんが知人の僧侶に預けている妻と娘２人の遺品も見せてもらった。絶句してしまい、仕事にならなかった。あの光景を忘れずにいようと思う。33歳。

赤ちゃんポストに預けられた、想定外の男児

伊藤　崇（いとう・たかし）　２００2年に入社。宮津みどりさんから子育ての秘けつは「家族でよく話すこと」と聞き、たまには早く帰って7歳の一人娘と向き合おうと思った。大学生となった航一さんは、非行を繰り返したり、犯罪被害に遭ったりした子供らを支援する熊本県警の「少年サポーター」に委嘱され、活動の幅を広げている。45歳。

クレジットのない写真はすべて読売新聞社提供

読売新聞社会部「あれから」取材班　過去のニュースの当事者に改めて話を聞き、その人生をたどる人物企画「あれから」を担当。メンバーは社会部の若手記者が多い。2020年2月にスタート、好評連載中。

Ⓢ新潮新書

963

人生《じんせい》はそれでも続《つづ》く

著　者　読売新聞社会部《よみうりしんぶんしゃかいぶ》「あれから」取材班《しゅざいはん》

2022年 8 月20日　発行
2022年10月30日　3 刷

発行者　佐　藤　隆　信

発行所　株式会社 新潮社

〒162-8711　東京都新宿区矢来町71番地
編集部(03)3266-5430　読者係(03)3266-5111
https://www.shinchosha.co.jp
装幀　新潮社装幀室

印刷所　株式会社光邦

製本所　加藤製本株式会社

ISBN978-4-10-610963-8 C0236

価格はカバーに表示してあります。